实用语病纠错例析

编辑

宋婷　雷鸿昌　编著

兰州大学出版社
LANZHOU UNIVERSITY PRESS

图书在版编目（CIP）数据

编辑实用语病纠错例析 / 宋婷，雷鸿昌编著. -- 兰州 : 兰州大学出版社，2023.3
ISBN 978-7-311-06456-3

Ⅰ. ①编… Ⅱ. ①宋… ②雷… Ⅲ. ①汉语—病句—分析 Ⅳ. ①H146.3

中国国家版本馆CIP数据核字(2023)第042540号

责任编辑　马媛聪
封面设计　陈　欣

书　　名　编辑实用语病纠错例析
作　　者　宋婷　雷鸿昌　编著
出版发行　兰州大学出版社　（地址:兰州市天水南路222号　730000）
电　　话　0931-8912613(总编办公室)　0931-8617156(营销中心)
　　　　　0931-8914298(读者服务部)
网　　址　http://press.lzu.edu.cn
电子信箱　press@lzu.edu.cn
印　　刷　兰州人民印刷厂
开　　本　710 mm×1020 mm　1/16
印　　张　19(插页2)
字　　数　292千
版　　次　2023年3月第1版
印　　次　2023年3月第1次印刷
书　　号　ISBN 978-7-311-06456-3
定　　价　56.00元

前言

语言是人们进行沟通表达的主要方式，也是人们必不可少的交往工具，在口语交际中熟练运用语言，并在日常写作中准确使用语言，是社会对人们的基本要求。

学习语法知识，自觉掌握语法规则，可以更好地指导语言实践，特别是有益于写作。学好语法不仅可以帮助写作者把话写得更通顺，而且可以帮助写作者把意思表达得更清楚、更准确，使文稿富于不一样的表现力。

然而，纵观近些年书稿的撰写质量，拼凑整合、体例较乱、文不对题、语病等诸多问题堪忧。前三个问题，经过编辑审稿并给出一定参考标准和规范建议后，作者在其能力范围内进行修改是不难做到的；而语病问题属于语言运用的品质问题，如错误百出，轻则影响句意的准确表达，重则影响行文的整体质量，这类问题通常是令编辑最头疼的问题。

对编辑而言，编辑工作与汉语语法知识的掌握密不可分，学习并运用好现代汉语语法知识是打造自身扎实文字功底的前提和基础。学习语法知识的目的在于掌握现代汉语中规律性的知识，从而熟练加工文稿、合理理性纠错、恰当运用语言。编辑只有熟练掌握现代汉语语法知识，才能提高辨识词性、分析句子和辨析句子正误的能力，从而正确规范地使用现代汉语；反之，书稿中存在的语病就会溜走于眼皮之下，给图书编校质量埋下隐患。为此，我们编写了《编辑实用语病纠错例析》一书。

《编辑实用语病纠错例析》是一本从错误入手、帮助编辑发现语病、快速纠错的案头实用书籍，全书分为十三讲，每一讲包含“病例”“诊断”“链接”三个板块。病例，一题一例，或来源于当下生活，或来自原始文稿中，具备差错的典型性；诊断，就错议错，简明诊断，明确指出错在哪里、错误性质以及怎样修改；链接，列举与该语病相关的常用概念和知识点，由点及面，由此及彼，融会贯通，扩大知识视野，帮助编辑触类旁通。

目前，国内供编辑使用的专业类语病书籍并不多见，有关语病的讲解多掺杂在编辑规范指导用书之中，篇幅有限。本书专讲语病，并对语病种类倾向于细分，以使编辑从每一类型的语病中全面了解其具体表现形式，由此更加全面掌握语病知识体系。

鉴于此，书中所举部分病例，用这样的病因能讲通，用那样的病因也能讲通，具体如：其一，自相矛盾的语病也有因状语与中心语搭配不当而引起；其二，主谓不搭配的语病也会因误用近义词而引起；其三，逻辑不当的语病也会表现在一个句子中的分句语序不当方面；其四，缺少助词也会造成杂糅的语病；其五，多层定语排序不当也会致使修饰语两可而引起歧义；其六，贬义成语误用也是不合逻辑或概念误用的表现。

以上双重或多重表现，并不影响语病的成立，只是因本书体例细分而致其部分内容交叉。愿本书能成为编辑校对工作者、语言文字工作者的好帮手，或多或少为大家提供一些参考。

本书第一讲至第七讲由宋婷编写，第八讲至第十三讲由雷鸿昌编写，统稿工作由宋婷完成。本书的出版，体现了在我社“编辑导师制”下两位师生潜心钻研和通力合作的精神，也是该制度下“产、学、研”一体化成果的有力表现。

实际上，本书的读者对象不限于编辑校对工作者、语言文字工作者，也适用于广大教师、学生以及所有关注汉语的人们。本书在编写过程中，对各类语病的著述时有借鉴，谨致谢忱！疏漏之处在所难免，也望各位专家和读者朋友不吝赐教！

编　者

2022年12月于兰州大学

目录

第一讲

词和短语

词是语言中最小的单位，能够自由独立运用。即是说，词是能够单独成句或单独作句法成分或单独起语法作用的最小语言单位。

短语是由词逐层组成的语言单位，和词一样，也表示一定的意义，也是造句成分，可以单用，多数可以单说。

词是不能扩展的，是短语的构件；而短语是可以分离的，中间往往可以插入别的成分，且短语是由两个或两个以上的词组合在一起构成的大于词而小于句子的语言单位。

一、词

按意义和语法功能分，词分为实词、虚词两大类。

实词是指有实在意义、能单独充当句法成分、能单独回答问题的词。

虚词是指没有实在意义、不能单独充当句法成分、不能单独回答问题的词。

（一）实词

现代汉语中，实词分为名词、动词、形容词、数词、量词、代词。其中，代词在文言语法中又属于虚词。

1. 名词

名词是指表示人、事物、时间、处所或方位等的词。其中，事物可以是具体事物，也可以是抽象事物。

名词可分为：表示人的名词、表示事物的名词、表示时间的名词、表示处所的名词、表示方位的名词。

表示人的名词，如："袁隆平、母亲、同志、志愿者、护士、编辑"等。

表示事物的名词，又可分为具体事物名词和抽象事物名词。具体事物名词，如："山、水、田园、坦克"等；抽象事物名词，如："政治、作风、道德、友谊"等。

表示时间的名词，如："明年、晚上、前天、下午、秋天、刚刚"等。

表示处所的名词，如："近郊、远处、那边、周围、沿海、嘉峪关"等。

除此外，还有表示方位的名词，可分为单纯词和合成词两类，合成词又是由单纯词构成的。

单纯词，如："前、后、上、下、东、西"等。

合成词，如："前面、后面、上边、下边、东处、西头"等。

名词的语法特征有：

①名词经常作主语、宾语，可带定语。

②名词一般不能作谓语、补语。

③名词一般不受副词修饰，如："不、很、非常"等。

④时间名词常作状语，表示动作发生的时间。

⑤名词可以直接受名词修饰，也可以直接修饰名词。名词前能加表示物量的数量词组。

2. 动词

动词是表示人或事物等的动作行为、存在变化、心理活动或意愿等的词。

动词按内容可分为：动作行为动词、存在变化动词、心理活动动词、能愿动词、趋向动词、判断动词。

动作行为动词，如："来、去、读、写、批评、修理"等。

存在变化动词，如："有、发展、生长"等。

心理活动动词，如："爱、恨、想、嫉妒、喜欢、热爱"等。

能愿动词，如："要、能、会、能够、愿意、应该"等。

趋向动词，如："来、进去、下来、往"等。

判断动词，如："是、否"等。

动词按是否能带宾语可分为：及物动词和不及物动词。

及物动词，如："看、听、认为、调查、考虑"等。

不及物动词，如："病、醒、示威、游行、觉悟、合作、咳嗽、高兴、哀鸣、游泳"等。

但是有一点应注意，说及物动词能带宾语，并非意味着它在句中出现时必须总带宾语，而是指可以带宾语。

动词的语法特征有：

①动词能作谓语，能受副词修饰，但多数不受程度副词"很、非常"等修饰。

②动词能带状语，能受否定词"不"的修饰。除少数表示心理活动的动词，如"爱、恨、想、喜欢"等外，一般不能受表示程度的副词，如"很、挺"等的修饰。

③及物动词能带宾语；不及物动词不能带宾语，否则就会出现动宾搭配不当的问题。

④能愿动词在句中作状语，在一般动词、形容词前面表示意愿、可能、必要等。

⑤判断词"是"放在主语、宾语之间有多种作用：一是表示事物等于

什么或属于什么。二是表示事物的特征、情况，表示事物的存在。“是”有两种用法：一是放在句首，可加重语气，如“是爸爸告诉了我。”二是表示坚决肯定，有“的确、实在”的意思。

⑥部分动词可以重叠。单音节动词的重叠形式为“AA型”，如：“听听、看看、说说”等；双音节动词的重叠形式为“ABAB型”，如：“交流交流、打扫打扫、思考思考”等。

3.形容词

形容词是表示人或事物的性质或状态的词。

形容词可分为：表示性质的形容词、表示状态的形容词。

表示性质的形容词，如：“凉、烫、勇敢、伟大、平常、优秀”等。

表示状态的形容词，如：“长、短、大、小、弯曲、嫩黄、黑黝黝”等。

形容词的语法特征有：

①形容词主要作谓语，但不能带宾语，还可以作定语、状语、补语。

②大多数形容词能受否定词“不”的修饰；还能受程度副词的修饰，如形容词“温暖、低、冷”等，可用程度副词“很、非常”等修饰。一部分形容词本身带有某些程度的意义，不能再与程度副词结合，如形容词“嫩黄、鲜红”，不能用程度副词“很”修饰。

③形容词也能重叠。

单音节形容词重叠有两种形式：一是不“儿化”时，第二个音节读原调，如：“轻轻、慢慢、高高”等。二是“儿化”时，第二个音节读音平调，如：“轻轻儿、慢慢儿、高高儿”等。

双音节形容词重叠形式为“AABB型”，如：“亮亮堂堂、认认真真、干干净净”等。

④形容词重叠后，语法性质发生改变，不再是形容词，而是“状态词”。这类状态词不能用程度副词修饰，如状态词“黑黝黝、黄澄澄”等不能用程度副词“很”修饰。

4.数词

数词是表示数目和次序的词。

数词可分为：基数词、序数词、倍数词、分数词、概数词。

基数词，如："一、二、三"等。

序数词，如："第一、第二、第三，初一、初二、初三，首先、其次、再次、最后"等。

倍数词，如："两倍、六倍"等。

分数词，如："五分之一、百分之三十"等。

概数词，如："七八个、十余个、九十左右"等。

数词的语法特征有：

①数词常与量词组合，构成数量短语充当句子成分。

②倍数、分数都能用于数目的增加，但倍数不能用于数目的减少。

③序数词大多前面有"第"，也可以没有"第"，在形式上跟一个表示整数的基数词一样。如："五年级"等同于"第五个年级"、"四层楼"等同于"第四层楼"、"公元二〇二二年"等同于"公元第二零二二年"。

5.量词

量词是表示人、事物或动作的单位的词。

量词可分为：名量词、动量词、时量词、复合量词。

名量词，即表示事物的计量单位，包括度量衡单位。事物的计量单位，如："只、支、个、条、副、张、条"等。度量衡单位，如："克、千克、公斤、米、厘米、立方米、升"等。

动量词，即表示行为动作的计量单位，如："次、阵、趟、番、回、下、遍"等。

时量词，即表示时间的计量单位，如："年、旬、月、周、天、时、分、秒"等。

复合量词，即由两个或两个以上的量词构成，表示复合性单位，如："人次、架次、辆次、台次、秒立方米、吨公里、吨海里"等。

量词的语法特征有：

量词一般不能单独使用，只用在数词、指示代词之后构成量词短语充当句子成分。

6.代词

代词是指代替人或事物名称的词，起代称或指示作用。

代词可分为：人称代词、疑问代词、指示代词。

人称代词。第一人称代词，如：“我、我们、自己”等；第二人称代词，如：“你、你们、您”等；第三人称代词，如：“他、她、它、他们、它们”等。

疑问代词，如：“几、哪、哪里、谁、什么、怎样、啥”等。

指示代词，如：“这、那、这里、那儿、这么、这么样、那么样、另外、其他”等。

代词的语法特征有：

①能够代替或指示各类实词，且不带修饰成分。

②疑问代词除表示疑问外，还有两种非疑问用法：

一是表示任指，即强调所说没有例外，全部如此。此时句中必须有“也”或“都”跟它呼应，如：“谁都知道”“啥也不懂”。

二是表示虚指。即用疑问代词指称不愿指明或不能确定的人或事物或行为的动作、性状等。如：“这首歌我听谁唱过，但想不起来了。”“她回头刻意看了下我，好像要讲什么。”“我知道该怎么做，但我不想告诉他们。”

（二）虚词

现代汉语中，虚词分为副词、介词、连词、助词、叹词、拟声词。其中，叹词、拟声词和少数副词可以独立成句。

1.副词

副词是指用来修饰或限制动词、形容词，表示动作行为的时间、范围、语气、程度、肯定、否定等的词。有时，同一副词也能表示多种意思。

副词可分为：程度副词、范围副词、时间频率副词、肯定否定副词、语气副词、情态方式副词。

程度副词，如："很、太、最、更、格外、非常、稍微"等。

范围副词，如："都、全部、统统、一共、一概、一律、只、仅仅"等。

时间频率副词，如："刚、就、才、马上、立刻、常常、一向、往往、偶尔、已经、曾经、经常、正在、逐渐、忽然、终于"等。

肯定否定副词，如："是、必须、的确、不、没有、别、甭"等。

语气副词，如："却、偏、偏偏、简直、何尝、难道、究竟、既然、反正、幸亏"等。

情态方式副词，如："亲自、悄悄、暗自、一齐、公然、大肆、相互"等。

副词的语法特征有：

①副词一般作状语。

②有的副词可以作补语，如："很（美得很）""极（好极了）"。

③副词不能修饰名词。

④有的副词只表示一种意思，如："很、仅仅、简直、立刻"等。有的副词可以表示多种意思，如"还"，既能表示时间（如"还没有到"）、表示程度（如"比我还胖"），还能表示重复（如"还吃一碗"）、表示语气（如"你还好学生呢！"）

2.介词

介词是指与名词、代词或名词性短语组成介词结构（介词短语）修饰谓词性词语，表示时间、处所、方位、方式、原因、目的、对象、范围、比较、排除等意义的词。

介词可分为：时间、处所、方位介词，方式介词，目的介词，原因介词，对象、范围介词，排除介词，被动介词，比较介词。

时间、处所、方位介词，如："从、在、自、于、当、向、随着、沿着"等。

方式介词，如："按、以、通过、本着"等。

目的介词，如："为、为了、为着"等。

原因介词，如："因、因为、由于"等。

对象、范围介词，如："对、对于、向、把、给、与、关于"等。

排除介词，如："除、除非、除了、除去"等。

被动介词，如："被、叫、让"等。

比较介词，如："和、同、比"等。

介词的语法特征有：

①介词不单独作句子成分，与名词、代词或名词性短语组成介词短语（也称"介宾短语""介宾词组"），一般叫"介词结构"，在句子中作定语、状语或补语。如："由我""把车""从兰州"等。

②介词结构主要作状语，以介绍出跟动作、行为、性质有关的事物、时间、方式、处所、范围等。如："对学习认真""在兰州大学上学""按你的意见""用壶烧水""自认识你以来""从明天开始"等。另外，"被"字句和"把"字句构成的介宾短语在句中充当状语时，还可以构成特殊句式。

③部分介词结构还能作补语。如："生在南京""来自西部""生于1912年""放到后年"等。

④介词与动词相比，不能单独作谓语或谓语中心语，不能单独用来回答问题，也不能加动态助词或重叠。

⑤部分介词兼属动词和介词两类。如："在、到、跟、让、拿、由、朝、用、靠、对、向、往、通过"等。如："她在我家呢！"（"在"为动词），"在春联上写大字"（"在"为介词）。

⑥有部分介词结构带上"的"，能作定语。如："对选题的思考""关于这套丛书的作者"。

3.连词

连词是用来连接词、词组（短语）、分句乃至句子的以表示一定逻辑关系的词。同一连词有时可以表示不同关系，关键要判断连接的两部分之间在语义上存在什么关系。

连词按分句之间的关系可分为：并列关系连词、因果关系连词、承接关系连词、条件关系连词、假设关系连词、递进关系连词、转折关系连词、选择关系连词、目的关系连词。

并列关系连词，如："和、而、及、并、跟"等。

因果关系连词，如："因为、所以、由于、以致"等。

承接关系连词，如："然后、于是、那么"等。

条件关系连词，如："除非、只有"等。

假设关系连词，如："假如、假设、只要、倘若、纵使、纵然"等。

递进关系连词，如："且、并且、甚至、不仅……还、不但……而且"等。

转折关系连词，如："虽然、然而、可、可是、否则"等。

选择关系连词，如："或、或者、不是……就是、要么……要么"等。

目的关系连词，如："以、以免、为了"等。

连词按连接成分的不同可分为：只能连接分句或句子的连词；只能连接词、词组（短语），不能连接分句或句子的连词；既能连接词、词组（短语），又能连接分句或句子的连词。

只能连接分句或句子的连词，如："因此、因而、从而、所以、但是、况且、何况、可是、否则、然而、只有、只要、与其、因为、由于、无论、要是、虽然、不但、不管、即使、既然、假如、尽管、宁可、尚且、与其"等。

只能连接词、词组（短语），不能连接分句或句子的连词，如："跟、同、和、与、或、及"等。

既能连接词、词组（短语），又能连接分句或句子的连词，如："而、而且、并、并且、还是、或者"等。

连词的语法特征有：

①在句子中起连接作用，不能单独作句子成分。

②连接句子时一般使用固定搭配，不能随意更换。如："因为……所以、不但……而且、尽管……也"等。

4.助词

助词是指附着在词、短语或句子上起辅助作用，表示一定的结构关系或附加某些语法意义的词。

助词可分为：结构助词、动态助词、语气助词、其他助词。

结构助词，如："的、得、地、所"等。

动态助词，如："了、过、着"等。

语气助词，如："吗、呢、吧、罢了"等。

其他助词，如："等、第、们"等。

助词的语法特征有：

①助词不能单独作句子成分。

②"的"可附着在名词、动词、形容词或词组后面，用来组成名词性的"的"字短语，指代事物，具有名词的语法作用。可作主语，如："塑料的容易坏""喝的就在手边"；也可作宾语，如："你用新的""我是刚来的"。

③时态助词"了""过""着"有不同时态，它们主要附着在动词后面："了"是完成态，表示完成或实现，如："白了少年头"；"过"是曾经态，表示有某种经历，如："你说过我三次"；"着"是进行态，表示持续，如："他吃着东西看着电视"。

5. 语气词

语气词是指放在句末或句中停顿处表示各种语气的词。

依所表示的语气的不同，语气词可分为：表示陈述语气的语气词、表示疑问语气的语气词、表示祈使语气的语气词、表示感叹语气的语气词。

表示陈述语气的语气词，如："的、吧、了、呢、嘛、着、啊、啦、也好、也罢、罢了"等。

表示疑问语气的语气词，如："吗、吧、呢、啊"等。

表示祈使语气的语气词，如："了、啊、吧、呢"等。

表示感叹语气的语气词，如："哼、唉、哇、啊"等。

语气词的语法特征有：

①语气词可以单独使用，也可以连用。

②语气词不仅可以在句末使用，也可以在句中使用，主要是用在主语

和状语后面且句子停顿较大的地方。如：“你呀，早就该这样了!”“对小朋友啊，就得有耐心。”

③表示列举的带有语气词的并列成分用逗号而不用顿号。如：“茄子啊，黄瓜啊，洋葱啊，白菜啊什么的，我们这里的菜应有尽有!”

6.拟声词

拟声词是指模拟自然界各种声音的词，也称“象声词”，如：“滴答、咣当、咔嚓、哗啦、轰隆隆、咕咚咕咚、叮叮咣咣”等。

拟声词的语法特征有：

①拟声词可以单独成句，如：“‘丁零零……’，门铃响了。”

②拟声词可以重叠使用，也可以作谓语、定语、状语、补语。如：“流水潺潺（作谓语）、滴答的小雨（作定语）、雷声轰隆隆响（作状语）、噼里啪啦的鞭炮声（作定语）、敲得叮叮咣咣（作补语）。

二、短语

短语即词组，是现代汉语中词和词按照一定语法规则组成的语言单位，也指语义和语法上都能够搭配的两个或更多的词的组合。词和短语一样，都是构成句子的建筑材料。如：“新时代、情绪激动、拾掇整齐、热烈欢迎、打破垄断”等。

（一）组成短语的语法手段

词和词按照不同的语法规则进行组合，就会形成不同类型的短语。组成短语的语法手段是语序和虚词。语序不同，语法意义往往不同。如：

阳光灿烂—灿烂阳光（主谓—偏正，名词和形容词组合时语序的不同）

我和老师—我的老师（联合—偏正，虚词运用不同）

（二）短语分类

1.按词性（功能）分类

即根据短语的词性（功能）不同进行分类，可分为：

（1）名词性短语

名词性短语是由联合短语、偏正短语、方位短语、同位短语、量词短语、“的”字短语等构成的短语。用法同名词，可在句子中充当主语、宾语。如：“神舟十四号、三个好人、教工宿舍、开车的、参加的人、房间外、皋兰山、首都北京、中国人民、新时代、你和我、她左边”等。

（2）动词性短语

动词性短语是指用法同动词，由偏正短语、联合短语、动宾短语、后补短语、连谓短语、兼语短语等构成的短语。多在句子中作谓语。如：“刚走、提高待遇、听了很高兴、下河捕鱼、说完、想得好、有信心做、讨论并通过、有人认为、让我去”等。

（3）形容词性短语

形容词性短语是用法同形容词，由偏正短语、联合短语、后补短语等构成的短语。多在句中作谓语、主语或定语。如：“艰苦朴素、很满意、非常艳、漂亮极了、好看得不得了”等。

2.按结构分类

即根据词与词之间构成的关系进行分类。

（1）主谓短语

主谓短语是指由具有陈述和被陈述关系（即主谓关系）的两个部分的词组成的短语。主语在前，谓语在后。如：

明天周六（名+名）

大国担当（名+动）

面容和蔼（名+形）

你是志愿者（代+动+名）

（2）动宾短语

动宾短语是指由动词与动词所支配或涉及的对象组成的短语。动词在前，宾语在后。如：

抗击疫情（动+名）

爱我们（动+代）

玩两遍（动+数量）

觉得那样很好（动+主谓短语）

（3）偏正短语

偏正短语是指由修饰语和中心语组成修饰语在前的短语，描写或限制后面的中心语，其间的关系是修饰关系。偏正短语可分为定中短语和状中短语两种。

1）定中短语

定中短语是指修饰语为定语，中心语一般是名词性成分或代词性成分的短语。定语之后有时用“的”。如：

（世界）经济（名+名）

（我）母亲（代+名）

（那本）字典（指量短语+名）

（征用）的宾馆（动+名）

（敬业）的演员（形+名）

（青春）的学生（名+代）

2）状中短语

状中短语是指修饰语为状语，中心语是动词性或形容词性成分的短语。状语之后有时用“地”。如：

[慢慢]地消失（副+动）

[春节]回来（名+动）

[那样]思考（代+动）

[放肆]地大笑（形+动）

[一脚一脚]地跳（数量短语+动）

[向社区]咨询（介短+动）

[相当]完美（副+形）

[这样]地体贴（代+形）

(4) 后补短语

后补短语是指由中心语和补语两个成分组成的短语，补语附加在中心语后面，其间的关系是补充关系。后补短语可分为动补短语和形补短语。其中，形补短语的补语之前一般有“得”。如：

吃<光>（动+形）

去<一次>（动+数量）

跑<在赛道上>（动+介短）

悲惨得<厉害>（形+副）

伤心得<哭了起来>（形+动补）

高兴得<手舞足蹈>（形+并列）

(5) 联合短语

联合短语是指由两个或两个以上的名词、代词、动词、形容词等并列组成的短语。这些词和词之间是平等的，没有轻重主次之分，也称“并列短语”。如：

干部和群众（名+名，并列）

你或他（代+代，选择）

这山那水（代+代，并列）

学习并讨论（动+动，顺承）

果敢而坚强（形+形，并列）

(6) 连谓短语

连谓短语是指多个谓词性成分连用，共用一个主语的短语。如：

打开钢琴曲欣赏（先后动作）

去超市 买日用品（后一动作是前一动作的目的）

拿着筷子［不］放（正反两面说明主语）

骑车 去学校（前一动作是后一动作的方式）

知道后［很］难过（因果关系）

有责任提出忠告（“有”/“没有”+宾语+动作）

听书听<困>了（A+宾语+A+补语）

（7）**兼语短语**

兼语短语是指前面的宾语兼作后一主谓短语的主语的短语。如：

喊她［快点］回去

严禁（各地）（招考）机构［提前］［向高校］泄露（考生）（高考）分数

能够带兼语的动词：

①有、没有。

②表示使令、阻止等意义的词，如：“使、请、叫、派、让、劝、催、逼、留、求、托、命令、动员、发动、允许、组织、号召、阻止、禁止、严禁”等。

（8）**同位短语**

同位短语是指多由两个部分组成，前后各部分的词语不同，但所指相同，语法地位一样，共作一个成分（主语或宾语）的短语。如：

士兵许三多（名+名）

我们大家（代+代）

他们渔民（代+名）

你们几位（代+数量）

管仲和鲍叔牙两人（名+数量）

“清高”这个词（形+名）

滑雪这项比赛（动+名）

（9）**介词短语**

介词短语是指由介词附在名词等词语前面组成的短语，可作定语、状语、补语。又称“介词结构”或“介宾短语”。如：

（关于夸父逐日）的神话（“关于夸父逐日”作定语）

［以我的最大哀痛］显示<于非人间>（“以我……哀痛”作状语，“于非人间”作补语）

（10）助词短语

助词短语是指由助词附着在词语上组成的短语。主要包括“的”字短语、“所”字短语和比况短语等。

1）“的”字短语

由“的”附着在实词或短语后面组成，指称人或事物，属名词性短语，可作主语、宾语。如：

晚来的是当评委的（作主语、宾语）

2）“所”字短语

由“所”字加在及物动词前面组成，指称动作支配或关涉的对象，属名词性短语，可作主语、宾语、定语。如：

所欲有甚于生者（作主语）

失其所与（作宾语）

今（所谓）慧空禅院者（作定语）

3）比况短语

由比况助词“似的、一样、般、一般”等词附着在名词等词语后面组成，表示比喻，有时也表示推测，属形容词性短语，可作定语、状语、补语、谓语。如：

（精神抖擞的）解放军（作定语）

［像一束光般］发出（耀眼）的光芒（作状语）

穷得<叮当响>（作补语）

老师仿佛没看见似的（作谓语）

（三）多义短语

一般而言，一个短语只有一种意义，为单义短语；而当一个短语同时具有两种或多种意义，则为多义短语，也就是说，对它的意义可以有多种理解的短语，即所谓的歧义结构。

在语境不明的情况下，它会造成理解上的分歧。产生多义短语的原因常常是短语没有了语境的制约，使得短语中的词、结构层次、语义关系、结构关系等有多种理解或解释。具体而言，主要包括以下类型：

1.词或短语自身原因形成的多义短语

（1）词的多义

如：小霞走了半小时（离开/行走）

（2）词的多音

如：这个人好说话（容易商量/喜欢说话）

（3）词性不同

如：我要热饭［动词，使（之）热/形容词，与“冷”相对］

（4）数量词修饰对象不明

如：几个饭店的厨师（几个饭店/几个厨师）

（5）介词管辖范围不定

如：对大家的看法（对/大家的看法//对大家的/看法）

（6）连词管辖范围不定

如：他在门缝里看见小李和小赵的父亲（看见小李和小赵共同的父亲//见到了两个人，即小李和小赵的父亲）

（7）代词施受关系不同

如：我去上课（给别人讲课/听别人讲课）

（8）结构关系不明

如：学习文件（动宾关系/偏正关系）

（9）多义词短语

如：鲁迅的书看不完（鲁迅写的书/鲁迅收藏的书）

（10）切分对象不明

如：热爱人民的领袖（热爱/人民的领袖//热爱人民的/领袖）

2.词与短语界限模糊形成的多义短语

有些语法结构既是词，也是短语，而且意义不同。短语的意义一般是词语意义的相加；而词的意义具有整体性，常有比喻、引申的意义。当同形的词和短语界限模糊时，常常形成多义。如：

去买红花（一种药材/红色的花朵）

3. 结构层次、结构关系不同形成的多义短语

（1）结构层次相同，结构关系不同

如：

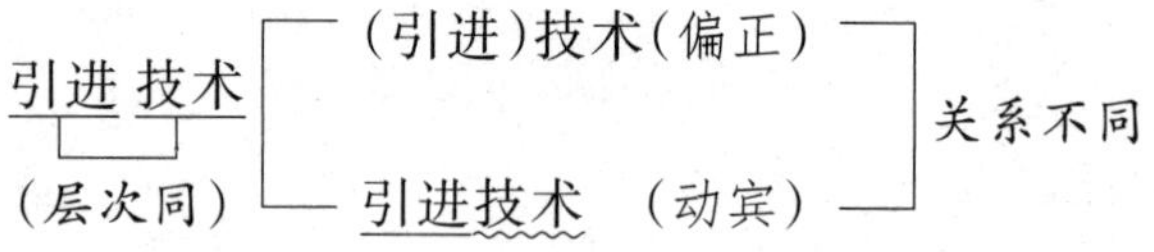

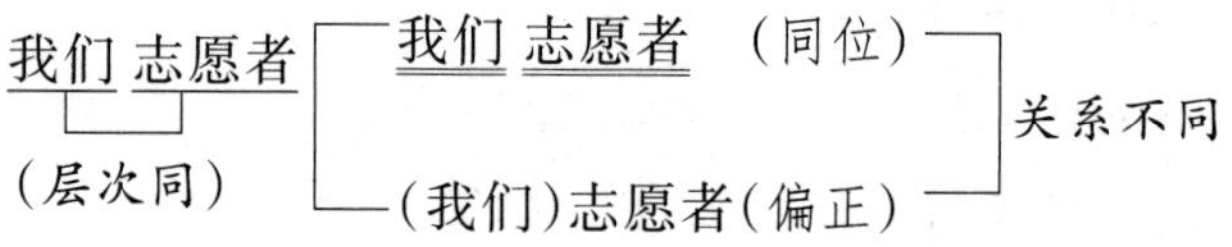

（2）结构层次不同，结构关系相同

如：

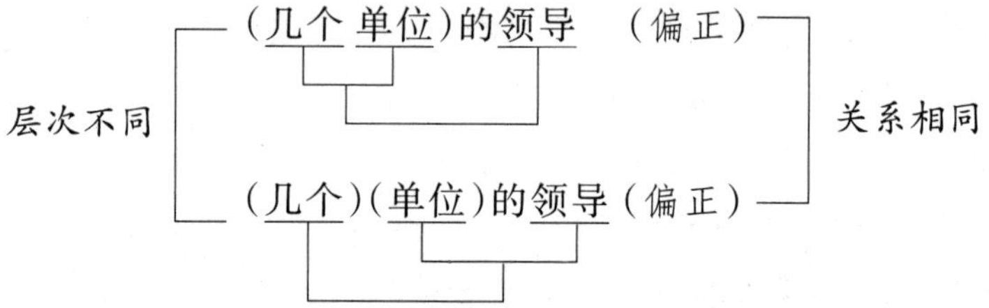

（3）结构层次、结构关系都不同

如：

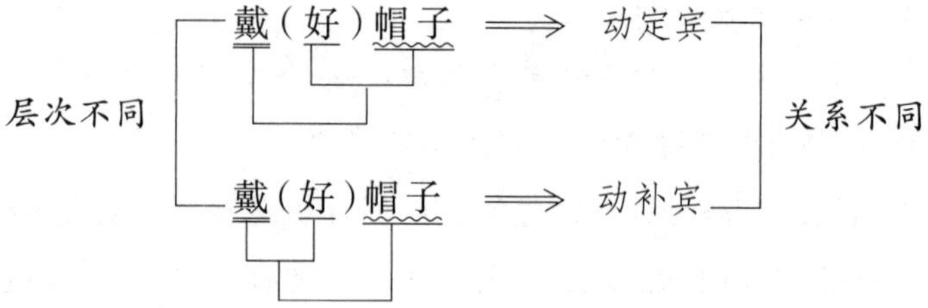

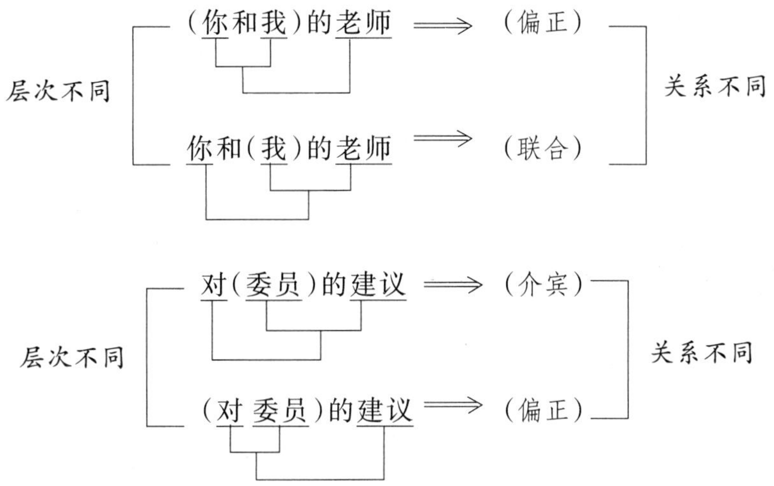
层次不同
（你和我）的老师
（偏正）
你和（我）的老师
（联合）
关系不同
层次不同
对（委员）的建议
（介宾）
（对 委员）的建议
（偏正）
关系不同

第二讲

语病相关知识

语病问题在书稿中较为普遍，辨析语病是编辑在审稿中面对的最基础的工作。所谓编辑对书稿进行编辑加工，其主要任务就是对书稿进行把关，包括两个方面的把关：一是内容把关，二是字句把关。内容把关除最重要的意识形态把关外，还要在通读书稿中发现知识性错误，并加以修正，以保证书稿内容的准确性。字句把关即在通读书稿中找出错别字和语病、标点误用，并加以改正。

相较于语病，别字与标点的掌握及运用较为简单，而句子多种多样、变化多端。只要有日常交际，就有语病温床，作者的写作也不会突破其日常语言表达习惯，故一些语病体现在书稿中，就给编辑的审稿加工工作带来不小困境。由此看，掌握一些语病知识和修改语病的原则是很有必要的。

一、语病的概念

语病的概念，据《现代汉语词典》（第7版）中的释义为：“措辞上的毛病（多指不通顺、有歧义或容易引起误会的）。”通俗讲，语病就是在语言逻辑方面存在毛病。

句子是我们在日常生活中进行言语沟通、交流思想、表达情感的基本语言单位。句子要充分发挥正常的交际作用，最基本的要求是“文从字顺”，合乎语言逻辑和语法规范。从这个意义上讲，凡是读起来不通顺、表达意思不清的句子都是存在语病的句子。

为此，从编辑加工的意义上讲，没有语病的句子就是正常的句子，或说没有问题的、正确的句子，从而是可以说或可以接受、可以成立的句子。相反，有语病的句子就是语言表达存病（存疑）的句子，或说有错误的、有问题的句子，从而是不能说或不能接受、不能成立的句子。

二、句子的突出特点

在辨析语病之前，先来了解一下句子的突出特点。

其一，句子是语言运用的基本单位。

句子是由词、词组（短语）构成。一个句子可以表达一个完整的意思：陈述一个事实、一件事情或说话人的看法，即陈述句；提出问题的句子，即疑问句；要求或希望别人做什么事或不做什么事时用的句子，即祈使句；带有浓厚感情色彩，表示某种感慨或抒发某种情感的句子，即感叹句。

其二，句子具有语音的标志。

一是句子有一定的语调，能表示陈述、疑问、请求或命令及感叹。二是在口头表达中，句子与句子间一般又会有停顿；而在书面形式上，句子的语调和停顿是用适宜的标点符号表示出来的。

其三，句子具备一定的结构。

一般而言，句子的结构包括六大类，即主语、谓语、宾语、定语、状语、补语。其中，构成一个句子的基本成分是主语和谓语。

（1）主语

主语是指谓语的陈述对象，指出谓语说的“是谁”或“是什么”的句子成分。如：

<u>我们</u>是共产党员。

<u>你们的生活</u>很幸福。

这个答案真是出乎意料。

中国人民有无穷的智慧。

（2）谓语

谓语是指对主语加以陈述，说明主语“怎么样”或“是什么”的句子成分。如：

树叶黄了。

青蛙叫了。

这个楼的电梯快。

孩子们尽情地歌唱。

（3）宾语

宾语是指跟在动词后面，表示动作、行为所涉及的人或事物的句子成分，回答“谁”或“什么”之类的问题。如：

我找经理。

接受批评。

他开宝马车。

八路军炸掉了碉堡。

（4）定语

定语是指名词前面的连带成分，用来修饰、限制名词，表示事物的性状、领属、性质、数量等，是一种修饰成分。名词、代词、形容词、数量词等都可以作定语。如：

（新）气象。

（七架）飞机。

（国家）企事业单位。

莫高窟有（悠久的）历史。

（中国的）年轻人有（自己的）态度。

（5）状语

状语是指动作或形容词前面的连带成分，用来修饰、限制动词或形容词，表示动作的状态、方式、时间、处所或程度等。形容词、副词、时间词、处所词等都可以作状语。如：

你［慢慢］看。

天气［很］热。

我［已经］走了。

他［特别］爱你。

羽毛［轻飘飘］地浮在水面上。

（6）补语

补语是指动词或形容词后面的连带成分，用来回答“怎么样”之类的问题，一般用来补充说明动作、行为的情况、结果、程度、趋向、时间、处所、数量、性状等。如：

他生于<1949年>。

好得<很>。

听<懂>了。

跑<两趟>。

宝石亮得<发光>。

三、语病辨析方法

（一）读：语感判断法

语感判断法即凭语感进行判断。凡是读起来别扭、表达意思不清的句子，就可能存有语病。

【病例】

他有一双儿女，同许多年轻的父亲一样，不愿意让孩子输在起跑线上。

【诊断】

谁“同许多年轻的父亲一样”呢？读到这儿，会感到句子想表达的意思有些含糊不清。在“同”前面加一个“他”，语义就明确了。

在了解语病存在的原因之前，可以通过反复读句子初步感知和判断这个句子是不是存有语病。找到句子的语病，才能进行下一步的修改工作。对编辑而言，在平常大量的阅读积累和案头工作的积累中，培养语感非常重要。

（二）提：句子紧缩法

句子紧缩法即提句子的“主干”，找句子的“枝叶”。在语病辨析与修改工作中，这是一种非常重要并且使用频率很高的方法。只有正确认识句子的结构，抓住句子的成分，辨析句子的“主干”和“枝叶”，才能准确分析句子是否存有语病。

通过一定梳理，提取句子的成分，由“主干”到“枝叶”逐一检查。具体步骤为：

首先，删掉句子的“枝叶”（附加成分），留下句子的“主干”（句子的主要成分，即所要表达的中心意思）。

其次，检查句子的“主干”是否存在问题。

再次，检查句子的“枝叶”（附加成分）是否存有语病。

这种方法可以迅速地找出句子中存在的语病，但运用句子紧缩法时应注意两点：第一，紧缩的时候，要注意保持原句子的基本结构。换句话说，不能破坏原句子的基本结构。第二，某些修饰成分删掉后，会影响句子的原意，如否定词删去后，意思必然会跟原句相反。所以紧缩时，对于那些会严重影响原句意思的修饰成分仍需适当保留。语病纠错步骤如下图所示：

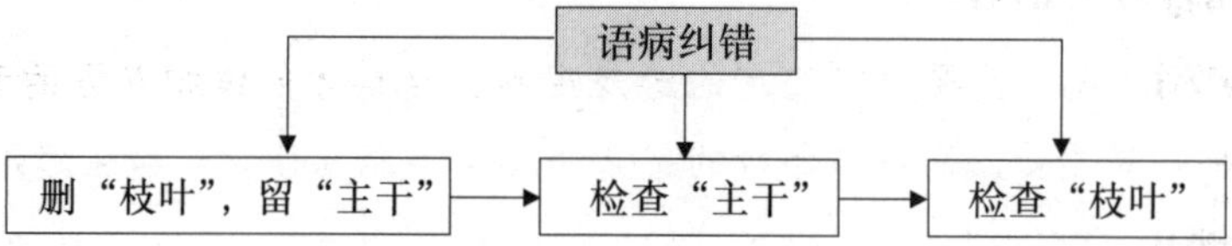

语病纠错步骤图

在分析句子的“主干”和“枝叶”之前，首先要分辨句子是单句还是复句。单句要按单句的辨析方法进行辨析，复句要按复句的辨析方法进行辨析。

1. 单句的辨析方法

单句是指由短语或单个的词构成的句子，是不能再分成两个或两个以上分句的句子。单句有特定的语调，是可以独立表达一定意思的语言单位。一般而言，单句辨析可按以下步骤进行：

第一步，找“主干”。

即找句子的主要成分，看是否存有语病。

【病例】

从这件普通的事情中，却反映了一个极为普遍的问题。

【诊断】

这个句子犯了主语残缺的毛病。句子中的“从……中”是介宾短语，不能作主语，应去掉“从”和“中”，让“事情”作主语。

【病例】

乡政府在全乡积极推广了优秀农户直播带货。

【诊断】

谓语“推广”后没有与之相配的宾语，应在句末加上“的经验”。

【病例】

老师那可敬可亲的精神，经常浮现在我的脑海里。

【诊断】

“精神”不能“浮现”，“精神”应改为“形象”。

【病例】

玩这种游戏，就要遵守一定的游戏规则，这样才能维护双方的利益和要求。

【诊断】

“维护”的宾语是一个并列短语“利益和要求”，“维护”与“利益”能搭配，但是“维护”与“要求”不搭配，应删去“和要求”。

第二步，找“枝叶”。

如果在句子的“主干”中没有找出毛病，那就要找“枝叶”，看“枝叶”与中心词搭配是否得当，或者语序是否得当。

【病例】

这次制度修订会上，大家对岗位分级制度交换了广泛的意见。

【诊断】

修饰语“广泛”应该作“交换”这个中心词的修饰语，而不是“意见”这个中心词的修饰语，应将“广泛”移至“交换”前，并删去“广泛”后面的“的”。

【病例】

今天校外的同学来参加联谊活动，我班同学都热情地在活动大厅与他们交流。

【诊断】

“我班同学都热情地在活动大厅与他们交流”语序不当，应改为“我班同学都在活动大厅热情地与他们交流。”

【病例】

扑鼻而来的腥气味道不禁使我作呕起来。

【诊断】

句中修饰语“不禁”修饰的对象有误，应改为“扑鼻而来的腥气味道使我不禁作呕起来。”

【病例】

这份报告对改革中的一些基本问题，从理论和政策上做了详细计划和具体说明。

【诊断】

句中“理论”对应“计划”、“政策”对应“说明”语序有误，应改为“从理论和政策上做了具体说明和详细计划”。

2.复句的辨析方法

复句是指能分成两个或两个以上相当于分句的句子。分成的这些句子意义相关，结构上互不充当句子成分。复句出现语病一般而言是在关联词的使用上存在问题。辨析这类语病主要从关联词着手，可从以下三个方面进行辨析：

第一，看关联词是否残缺。

【病例】

掌柜是一副凶脸孔，主顾也没有好声气，叫人活泼不得；只有孔乙己到店，可以笑几声，所以至今还记得。

【诊断】

这是一个条件关系复句，前半句只出现了表示条件的关联词“只有”，而后半句没有表示结果的关联词“才”，应在“可以”前面加“才”。

第二，看关联词的搭配或位置是否恰当。

【病例】

他告知管家，若这次泰国之行有去无回，几个子女都能从他的遗产中按年领取固定数额的生活费。

【诊断】

这是一个假设关系复句，表示假设关系的连词“若”不能和“都”搭配，只能和“就”“那么”等词语搭配，应将“都”改为“就”或“那么”。

第三，看关联词是否错用、滥用。

【病例】

虽然是满月，天上却有一层淡淡的云，而且不能朗照；但我以为这恰是到了好处。

【诊断】

通读句子，可以发现，“不能朗照”的原因是“有一层淡淡的云”，它们之间是因果关系，而不是递进关系，应将“而且”改为“所以”。

（三）析：类比析事法

类比析事法即在句子语法无误的情况下，可以通过类比其他句子再行判断，同时辨析事理。

具体而言，检查语病时，有些句子一下子看不准，似是而非，碰到这种情况，可以联系相同的格式用类比法做思考和检查，即通过互换比较加以判断。具体说，就是当怀疑一个句子有语病时，可以按所怀疑的句子的格式仿造一些其他句子，看那些仿造的句子站不站得住脚。同时，还可以从事理上对句子进行分析，检查是否有自相矛盾或不符合逻辑的情况。

即使不清楚语病类型，编辑在通读句子时，也应该养成类比的习惯和从事理上进行判断的习惯。

【病例】

这个村农民的生活水平在十九届三中全会后不断增加。

【诊断】

“生活水平……不断增加”的说法对不对？可以类比想到，能否说“技术水平增加”“健康水平增加”？都不能。而“技术水平提高”“健康水平提高”“艺术水平降低了”等，这些是可以说的。为此，“水平”一词可以与“提高”“降低”搭配，不能与“增加”“减少”搭配。这个句子中的“增加”应改为“提高”。

【病例】

我怀着一颗激动的心情登上了演讲台。

【诊断】

这个句子的中心成分“我登上演讲台”没有错误，“怀着……心情”也是常见的说法，再如“怀着愉快的心情”“怀着痛苦的心情”等，即是说，中心语“心情”是可以受“激动”修饰的，但受“一颗”修饰就不对了。“一颗”一般是指小而圆的具体的东西，不能修饰抽象事物，如可以说“一颗红心”“一颗种子”，但不能说“一颗心情”“一颗情感”，这就是类比互换思考得出的结论。为此，应将句中的“一颗”改为“一种”。

【病例】

一日之计在于晨，鸡报晓三更时，是起床读书的最好时候。

【诊断】

很容易发现，“清晨”与“三更”不是同一时间，这是不符合事理的，这个句子犯了自相矛盾的毛病。

【病例】

八百年后的曹操曾为《孙子兵法》做过注释。

【诊断】

这个句子的隐含逻辑是：在《孙子兵法》的作者孙武过世后，曹操距离其有几百年。孙武（约公元前545年—公元前470年），曹操（155年—220年），说曹操距孙武八百年，徒增了一百年，显然不妥，应改为“七百年后”。

编辑应注意：这种错误是隐性的，需要具备一定的知识储备才能发现；至少要能疑错，当能质疑时，查阅相关书籍和资料即可解决。

【病例】

起始于11世纪中叶，迄今已有1000多年的历史。

【诊断】

这个句子，前半句已给出了时间界定，为11世纪中叶，如今是21世纪之初，显然说“已有1000多年的历史”存在问题，应改为“已有近千年的历史”。

编辑应注意：在处理不同类型的稿件时，这类句子表述失当的问题较为常见，需要谨慎对待，多质疑，多查阅，在平常的工作中养成好习惯。

四、语病修改原则和方法

（一）修改原则

文稿中出现语法错误，大致有两个原因：一是作者对文学知识的掌握不够全面，二是遣词造句较为随意。

有些明显的语法错误，很容易发现和修改。而有些语法错误不容易发现，需要反复琢磨并进行一番分析后才能把握。这又大致包括三种情况：一是句子较长，或是句子内部包含长而复杂的附加成分，或是包含一些分句；二是错误比较隐晦，似是而非；三是存在语病的句子被口语交际中的惯常用法掩盖了失当之处，变得“合理化”，让人不觉得存有语病。

遇到语病，进行修改，就应遵循一定原则，否则会“出力不讨好”。把握句意，修改要少，改动要巧，尽可能保持原来的句意，力求全句改得妥帖，避免再次错改。

1. 有针对性地修改

简单地说，语病修改，什么地方有毛病，就改什么地方；是什么类型的毛病，就用相应的方法修改。对各种语病的类型要做到心中有数，针对造成语病的原因进行修改。

2. 尽量保持句意不变

语病在表达时通常存在两个方面的问题：一是没有正确表达出句子原意；二是歪曲了原意，表达成了错误意思或产生了歧义。语病修改时，应分析并把握句子所要表达的原意，在尽量保持原意的前提下，将误处加以适当修改、调整。切忌违背句子原意，按个人想法妄改。

3. 善用多种方法修改

每一个有语病的句子，几乎都可以从语法、逻辑等角度来分析其语病类型。同一个病句，也可以有多种不同的修改方法。至于用哪一种方法修改更加合适，这就要以准确分析语病类型、表达方式和具体语境来定。

编辑还应注意：语病修改时，若能够用调整语序的方法修改就尽量不要增删词语；改一处就可以解决问题，则不改两处；要注意句意的简洁性，尽量保持上下文相同句式的一致性。

（二）修改方法

1. “四字法”——补、删、换、移

对于成分残缺的句子，补充残缺成分；对于多余、重复的内容，予以删除；对于用词不当、搭配不当等问题，进行更换、修改；对于语序不当的句子，移动词语或短语的位置，以使句子顺序合适。

2. 要诀

基本成分先找到，
主谓宾语是否缺；
成分不缺看搭配，
主谓动宾可搭好；
重复之处不能要，

次序不当须重排，
用词不当应换掉；
再看逻辑是否乱，
自相矛盾不可取；
事情次序勿颠倒，
感情色彩勿弄反。

语病修改是编辑不可忽视的学习内容，编辑掌握了语病修改方法，就可以在编辑加工中减少或避免错误，同时对提升自身的写作水平也有很大帮助。

第三讲

词性误用

词性，《现代汉语词典》（第7版）给出的释义是：作为划分词类的根据的词的特点。如“一把锯”的“锯”，当跟数量词结合时，是名词；“锯木头”的“锯”，当带宾语时，是动词。

从语义的角度讲，词性是指词的语法分类。不同的词性具有不同的语法功能，它们的组合能力和充当句子成分的能力有较大的差异。如果对这一点不了解或疏忽大意，就会导致词性误用。

词性误用，也称“词性混淆”，具体是指在运用词语时，将一种词性当作另一种词性，即将甲类词当作乙类词，将乙类词当作丙类词。而哪类词跟哪类词能搭配，哪类词跟哪类词不能搭配，实际上都是有一定规律的。

从广义上讲，词性误用的范围不小，具体有下面几种类型：

一、名词误作动词

在一个句子中，动词主要作谓语，可以受状语修饰，及物动词后面可以带宾语，这些都是有一定规律的。而在该使用动词的地方使用了名词，这个名词误作了动词，就会造成语病。

【病例】

你的这个小身板，我可疑惑你的体力啊！

【诊断】

“疑惑”是名词，不能带宾语，可将其改为一个近义的动词“怀疑”。全句可改为：你的这个小身板，我可怀疑你的体力啊！

【病例】

小蔡的建议刚一说出口，就遭到几个人的异议。

【诊断】

“异议”是名词，在这里误作了动词。述语“遭到”一般应带动词性宾语，如“遭到报复”“遭到否定”等，而不能带名词性宾语，故可改“异议”为“反对”。全句可改为：小蔡的建议刚一说出口，就遭到几个人的反对。

【病例】

睁眼说瞎话，把自己囹圄在唯心的世界中，怎么能成为一个正常人呢？

【诊断】

“囹圄”是名词，而在这个句子中误用为动词，作了句子的谓语以致出错，可以考虑找一个动词性质的近义词替换，可改“囹圄”为“禁锢”。全句可改为：睁眼说瞎话，把自己禁锢在唯心的世界中，怎么能成为一个正常人呢？

【病例】

收割机突然故障，有序的秋收工作被迫中断。

【诊断】

“故障”是名词，在这里误用为动词，可在“故障”前加“发生”，让名词“故障”作宾语。全句可改为：收割机突然发生故障，有序的秋收工作被迫中断。

【病例】

法学家苏教授义务为法学院学生讲座。

【诊断】

这个句子的语病也是误把名词“讲座”当作了动词。“为法学院学生”是介宾短语，后面没有助词“的”时，只能作状语修饰动词或形容词，而“讲座”又是名词，不能受介宾短语的修饰。为此，可将“讲座”改为“办讲座”。全句可改为：法学家苏教授义务为法学院学生办讲座。

【病例】

中国古代诗歌的源头皆出现于先秦时期。现实主义诗歌胚胎于《诗经》，浪漫主义诗歌胚胎于《楚辞》。

【诊断】

“胚胎”是名词，也是在这个句子中误用为动词作了句子的谓语而致错，可考虑找一个动词性质的近义词替换，可将“胚胎”改为“萌芽”。全句可改为：中国古代诗歌的源头皆出现于先秦时期。现实主义诗歌萌芽于《诗经》，浪漫主义诗歌萌芽于《楚辞》。

【病例】

这些嫌疑犯中，还没有发现特别值得嫌疑的人。

【诊断】

“值得嫌疑”，明显读起来有点别扭。“值得”属于谓宾动词。谓宾动词要求宾语一定是非名词性的动词（形容词）或动词（形容词）短语，所以“值得”后面就不能跟名词“嫌疑”而得改为动词“怀疑”。全句可改为：这些嫌疑犯中，还没有发现特别值得怀疑的人。

【病例】

在所有这些设计中，我主张第一个方案。

【诊断】

“主张”属于谓宾动词，后面的宾语也必须为非名词性的动词（形容词）或动词（形容词）短语，所以名词性短语“第一个方案”前面要加动词“采用”，改为动词性短语“采用第一个方案”，句子的语法才能正确。

全句可改为：在所有这些设计中，我主张采用第一个方案。

链接　1

体宾动词、谓宾动词和兼宾动词小议

多数及物动词要求带名词性宾语，这类动词较常见，称为“体宾动词”。如：“关爱、吃”（“关爱下一代/吃火锅”）。

部分及物动词则要求带非名词性宾语，即带动词性的宾语和形容词性的宾语，这类动词称作“谓宾动词”。如：“认为、以为、打算、估计、主张、省得、值得、觉得、给以、加以、予以、致以、进行、开始、停止、禁止、意味着”（“认为很对/以为很好/打算去深造/估计生病了/主张回国/省得白跑/值得尊重/觉得忙/给以奖励/加以关照/予以鼓励/致以敬意/进行施工/开始实施/停止吵闹/禁止狩猎/意味着进入了一个新阶段”）。

少数及物动词既可以带名词性宾语，也可以带非名词性宾语，称作“兼宾动词”。如：“接受、赞成、喜欢、擅长、怕”（“接受意见/接受采访//赞成小张/赞成开会//喜欢冬天/喜欢打牌//擅长书法/擅长作画//怕冷/怕劳动”）。

【病例】

白兰瓜丰收后，果农们就开始讨论销售。

【诊断】

“开始”“讨论”都属于兼宾动词，之后都可以带名词性宾语，也可以带动词性宾语。但“讨论”带名词性宾语时，要求必须伴随疑问代词，故不能说“讨论销售”，而要说“讨论如何销售”“讨论怎么销售”“讨论用什么途径销售”等。全句可改为：白兰瓜丰收后，果农们就开始讨论如何销售。

编辑应注意：“开始”“讨论”除了共同点外，还有一些差别。“开始”可以带一般动词，如“开始想”，但往往带的宾语是兼类词，如本例的“讨论”即是名词和动词的兼类词。故可以在“讨论”前面加定语，如“开始热烈的讨论”；也可以在其前面加状语，如“开始激烈地讨论”。而“讨论”带非名词性宾语时的特殊要求就是必须伴随疑问代词。

另外，像上两例这样的句子在日常口语交际中并不少见，大家也都听得懂。这是因为口语没有书面语那样严格的语法要求，可以允许一些不妨碍理解的省略。但往往一些成分若在书面语中省略，就属于病句，因为汉语书面语中的动词对于宾语的性质有着严格的要求，并不是随意搭配的。

链接 2

兼类词小议

兼类词即指词的兼类现象，又称“同词异类”。具体是指一个词有两种或两种以上的词性，具备两类或几类词的主要语法功能。

兼类词常见的有三类：

一类是名词与动词的兼类词，如：“病、信、锁、锈、经历、批评、建议、发现、决定、工作、发明、教育、领导、代表、编辑、纪念、总结、指示、通知、奖励、展览、翻译、导演、笑话、教授、指挥、安慰、解释、期望”等。

一类是名词与形容词的兼类词，如：“铁、左、牛、红、科学、错误、道德、标准、困难、经济、理想、精神、礼貌、光彩、规则、内行、光明、健康、矛盾、幸福、机械、痛苦”等。

一类是形容词与动词的兼类词，如：“闹、忙、沉、吵、破、热、多、少、紧、繁荣、活跃、严肃、明确、热闹、丰富、坚定、讨厌、端正、充实、孤立、普及、努力、明白、奇怪、冤枉、稳固、固定、麻烦”等。

此外，还有一些不常见的兼类词：

一类是动词与副词的兼类词，如："胜利、连续、区别、破例、成功、提前、比较、肯定"等。

一类是动词与介词的兼类词，如："比、用、给、跟、到、让、靠、凭、叫、向、朝、通过"等。

一类是形容词与副词的兼类词，如："实在、随便、干脆、特别"等。

一类是介词与连词的兼类词，如："和、跟、同、与、由于、为了、因为"等。

一类是名词与量词的兼类词，如："口、尺"等。

一类是动词与量词的兼类词，如："回、封"等。

一类是介词与量词的兼类词，如："把"等。

一类是非谓形容词（区别词）与副词的兼类词，如："定期、共同、高速、自动、临时、长期"等。

一类是动词、介词与副词的兼类词，如："在"等。

一类是名词、动词与副词的兼类词，如："保险"等。

一类是形容词、动词与名词的兼类词，如："麻烦、便宜、方便"等。

一类是名词、形容词与副词的兼类词，如："光、自然"等。

二、名词误作形容词

在一个句子中，形容词可以受程度副词的修饰，而名词是不受程度副词修饰的。如果把名词误作形容词使用，就会造成语病。

【病例】

最近他们夫妻二人显得很隔阂。

【诊断】

"隔阂"是名词，不能受程度副词"很"修饰，可将"隔阂"改为一个动词，可选近义词“疏远”。全句可改为：最近他们夫妻二人显得很疏远。

【病例】

对7～12岁孩子来说，《名侦探柯南》算是比较趣味的动画片。

【诊断】

“趣味”是名词，不能受程度副词“比较”修饰，可在“趣味”前加“有”，或将“趣味”改为形容词“有趣”。全句可改为：对7～12岁孩子来说，《名侦探柯南》算是比较有趣味的动画片。或改为：对7～12岁孩子来说，《名侦探柯南》算是比较有趣的动画片。

【病例】

胡萝卜是最经济、最营养的蔬菜之一，但很多人不爱吃。

【诊断】

“营养”是一个名词，不能受副词“最”修饰，可在“营养”前面加“有”字，改为“最有营养”。全句可改为：胡萝卜是最经济、最有营养的蔬菜之一，但很多人不爱吃。

编辑应注意：除了一些表示时间或处所的名词可以和副词搭配，比如“才星期三”“最上面”以外，其他名词不受副词修饰，比如不能说“不社会”“很智慧”。但由于近几十年来，汉语日常口语交际中，受港台影视剧等的影响，副词修饰名词的用法较为普遍，如“很阳光”“很青春”等。这些“副词+名词”的组合形式，多表示人的某种特征，如气质、性格等。这种组合的发展前景如何，目前尚无定论，但就目前的情况看，这个句子中的“营养”一词，既不同于上述提到的时间名词“星期三”、处所名词“上面”一类，也不同于后面提到的“阳光”“青春”一类，故不宜使用。

【病例】

会所顿时娱乐起来了。

【诊断】

“娱乐”是名词，后面不能直接跟趋向动词“起来”，可将“娱乐”改为形容词“热闹”，后面才能跟趋向动词。全句可改为：会所顿时热闹起来了。

三、形容词误作动词

一个句子中，有的形容词可以充当动词，这类词一般是兼有动词和形容词两种词性的词；而多数形容词不能充当动词。不能充当动词的形容词带了宾语，就会造成误用。

【病例】

只有迅速提高农业科技水平，才能相称乡村振兴的要求。

【诊断】

“相称”是形容词，不能带宾语，可改为动词“符合”，并且“符合……要求”也是固定搭配。全句可改为：只有迅速提高农业科技水平，才能符合乡村振兴的要求。

【病例】

要尽快招募一些志愿者加入工作突击队，强大运输物资的力量。

【诊断】

“强大”是形容词，不能带宾语，可改为动词“增强”。全句可改为：要尽快招募一些志愿者加入工作突击队，增强运输物资的力量。

【病例】

没过几天，他买了一个新手机还给那个女孩，还向那个女孩抱歉。

【诊断】

“向那个女孩”是一个介词结构，“抱歉”是形容词，不能被介词结构修饰，可改为动词“道歉”，或在“抱歉”前加动词“说”。全句可改为：没过几天，他买了一个新手机还给那个女孩，还向那个女孩道歉。或改为：没过几天，他买了一个新手机还给那个女孩，还向那个女孩说了抱歉。

【病例】

以袁隆平为代表的老一辈科学家身上充沛着为科学而献身的宝贵精神。

【诊断】

“充沛”是形容词，不能带宾语，可改为动词“充满”或“体现”。全句可改为：以袁隆平为代表的老一辈科学家身上充满着为科学而献身的宝贵精神。或改为：以袁隆平为代表的老一辈科学家身上体现着为科学而献身的宝贵精神。

【病例】

理查德·克莱德曼的钢琴曲一播放出来，教室里就悠扬起了美妙的旋律。

【诊断】

“悠扬”是形容词，可以作“旋律”的定语，但不能作述语，可改“悠扬起”为“响起”。全句可改为：理查德·克莱德曼的钢琴曲一播放出来，教室里就响起了美妙的旋律。

链接 3

形容词与动词的区别用法

形容词与动词都可以作谓语。区别用法主要体现在：一是，是否可以受副词“很”修饰，即前面是否可以加副词“很”；二是，是否可以带宾语。

但这两条标准必须同时起作用。若单独用副词“很”来鉴别，形容词与心理动词很难区分；若单独用带宾语来鉴别，形容词与不及物动词又很难区分。二者不同点参见表1。

表1　形容词与动词的不同点

形容词	性质形容词	前面可以加“很”。如：可以说“很整齐”	有的带“了、着”后，还可以带宾语。如：可以说“苦了娃”“黑着脸”	多数后面不可以带宾语。如：“整齐”后面不能再带任何宾语
	状态形容词	前面不可以加“很”。如：不可以说“很嫩黄”	后面不可以带“了、着”。如：不可以说“嫩黄了”“嫩黄着”	后面不可以带宾语。如：“嫩黄”后面不能再带任何宾语

续表1

动词	及物动词	前面不可以加“很”。如：不可以说“很喝”	后面可以带宾语。如：可以说“喝水”
	不及物动词	前面不可以加“很”。如：不可以说“很睡觉”	后面不可以带宾语。如：“睡觉”后面不能再带任何宾语
	心理动词	前面可以加“很”。如：可以说“很害怕”	后面可以带宾语。如：可以说“害怕黑暗”

四、形容词误作名词

形容词的主要功能是作定语。如果一个句子中，形容词作了主语或者宾语，这个形容词就被当作名词使用了，这种用法多见古汉语中，而在现代汉语中，会造成形容词误作名词的语病。

【病例】

在工作上，他是全单位第一的努力。

【诊断】

“努力”是形容词，不能作“是”的宾语，可将“第一的努力”改为“的”字结构——“最努力的”。全句可改为：在工作上，他是全单位最努力的。

【病例】

八路军以惊人的迅速行进……

【诊断】

“迅速”是一个形容词，在这里却误作名词使用。“以惊人的迅速”又是一个介词结构，一般而言，介词“以”只和名词组合为介词结构。为此，可把“迅速”改为名词“速度”。全句可改为：八路军以惊人的速度行进……

五、动词误作名词

动词用作名词，是古汉语中会出现的现象，用表示性质、动作、特征的词，来表示具有那种性质、动作、特征的人或事物。而在现代汉语中，动词误作名词会造成语病。

【病例】

孙政委到底能不能担负此重任，这还是一个怀疑。

【诊断】

“怀疑”是动词，不能受“一个”修饰，这里却误作名词使用，可改为名词“疑问”。全句可改为：孙政委到底能不能担负此重任，这还是一个疑问。

【病例】

特殊时期，往往会有人散布种种捏造，蛊惑人心，影响安定团结的局面。

【诊断】

“捏造”是动词，不能受“种种”修饰，不能与动词“散布”搭配，可改为名词“谣言”。全句可改为：特殊时期，往往会有人散布种种谣言，蛊惑人心，影响安定团结的局面。

【病例】

下马官员多半是由于经受不住各种诱惑和顶不住随之而来的压迫而丧失了原则。

【诊断】

“压迫”是动词，这里却误作名词使用，可改为名词“压力”。全句可改为：下马官员多半是由于经受不住各种诱惑和顶不住随之而来的压力而丧失了原则。

链接 4

动词与名词的区别用法

1. 看前面是否可以加“不”

动词前面可以加“不”，而名词前面不能加“不”。如，可以说“不喝”“不上学”，但不能说“不杯子”“不书包”。

2. 看前面是否可以加数量词

名词前面可以加数量词，而动词前面不能加数量词。如，可以说“一只杯子”“一个书包”，但不能说“一只喝”“一个上学”。

3. 看后面是否可以加“了”

动词后面可以加“了”，而名词后面不能加“了”。如，可以说“喝了”“上学了”，但不能说“杯子了”“书包了”。

4. 特殊情况

一些成语或熟语，如：“一点一滴”“一波三折”“一草一木”“人不人，鬼不鬼”等，它们为对举式，带有一定文言色彩，类似情况似乎不符合前两条，但注意，这一类只限于成语和熟语中使用。

同时，还有一些词兼具名词和动词两种词性，在不同语境中可以体现不同词性。如：“编辑”既可以是名词，指做编辑工作的人，可以说“一位编辑”；也可以是动词，指对资料或作品进行整理和加工，可以说“编辑了一本书稿” 。这类词语还有很多，如：“书、画、爱、食、梦、生活、工作、评论、组织、研究、申请、领导”等。

六、动词误作形容词

一个句子中，动词也时常会被误作为形容词以致语病。

【病例】

强盗贪图地摸了摸钱箱。

【诊断】

“贪图”是个及物动词，一般不作状语，应替换一个形容词作状语，可改为“贪婪”。全句可改为：强盗贪婪地摸了摸钱箱。

【病例】

人生的价值，在为之奋斗的事业上可以格外体现出来。

【诊断】

“格外”是程度副词，常修饰形容词和表示心理活动的动词，不能直接修饰一般动词，可考虑改为形容词“充分”。全句可改为：人生的价值，在为之奋斗的事业上可以充分体现出来。

七、不及物动词误作及物动词

及物动词可以带宾语，不及物动词是不能带宾语的。不及物动词带了宾语就是误用为及物动词。

【病例】

2022年女排世锦赛决赛争夺战已拉开帷幕，明天我国女排将比赛老对手巴西队。

【诊断】

“比赛”是不及物动词，不能带宾语，不能说“比赛老对手巴西队”，可改为“与老对手巴西队比赛”，或改“比赛”为“迎战”。全句可改为：2022年女排世锦赛决赛争夺战已拉开帷幕，明天我国女排将与老对手巴西队比赛。或改为：2022年女排世锦赛决赛争夺战已拉开帷幕，明天我国女排将迎战老对手巴西队。

【病例】

达尔文不由自主地抬起了头，无限深情地注目着艾玛。

【诊断】

“注目”是不及物动词，不能带宾语，可改为及物动词“注视”。全句可改为：达尔文不由自主地抬起了头，无限深情地注视着艾玛。

【病例】

网络经济影响并升级着我们的传统产业。

【诊断】

这个句子用了两个谓语动词“影响”和“升级”，并不都能和“传统产业”搭配。能说“影响”着传统产业，但不能说“升级”着传统产业，因为“升级”是不及物动词。如果两个谓语动词均要保留，全句可改为：网络经济影响着我们的传统产业，并使传统产业升级。

【病例】

妻子患病去世，孩子没人照顾，他不得已又续弦了一位邻村女人。

【诊断】

“续弦”是不及物动词，意思是指男人在妻子死后再娶，其后不能再跟名词。因句末跟了“一位邻村女人”，可以考虑替换一个及物动词，可改“续弦”为及物动词“续娶”。全句可改为：妻子患病去世，孩子没人照顾，他不得已又续娶了一位邻村女人。

【病例】

马路上发生了车祸，围观了不少人，过路的人只好绕道而行。

【诊断】

谓语中心语“围观”是不及物动词，不能带宾语，应删去“观”，改为及物动词“围”。全句可改为：马路上发生了车祸，围了不少人，过路的人只好绕道而行。

【病例】

今年五月二十日，他获得赴美签证，终于可以去探亲在那里留学的儿子了。

【诊断】

谓语中心语“探亲”是不及物动词，不能带宾语，可将“探亲”改为及物动词“探望”。全句可改为：今年五月二十日，他获得赴美签证，终于可以去探望在那里留学的儿子了。

【病例】

如今，雄安新区已成为接轨中国经济深化改革的战略载体。

【诊断】

“接轨”为不及物动词，不能带宾语，可将“接轨中国经济深化改革”改为“与中国经济深化改革接轨”。全句应改为：如今，雄安新区已成为与中国经济深化改革接轨的战略载体。

链接 5

及物动词小议

及物动词是指能带宾语的动词。

大多及物动词带的是受事宾语。受事宾语即指表示动作、行为直接支配、涉及的人或事物，包括动作的承受者、动作的对象。如：“喝”带宾语，可以说“喝果汁”；“教育”带宾语，可以说“教育学生”。

部分及物动词只能带施事宾语。施事宾语即指表示动作、行为的发出者、主动者，可以是人或自然界的事物。如：“来”带宾语，可以说“来了几个亲戚”；“宰”带宾语，可以说“宰了一只鸡”。

部分及物动词只能带处所宾语。处所宾语即指表示动作发生地或目的地的宾语。如：“住”带宾语，可以说“住宾馆”；“放”带宾语，可以说“放桌上”。

八、及物动词误作不及物动词

将本应带宾语的及物动词词性搞错，未带宾语而直接使用，即是把及物动词误作了不及物动词。

【病例】

孩子与母亲之间的感情是与生俱来的，谁都不可能割断。

【诊断】

“割断”是及物动词，其宾语不能省略。这个句子，误把“割断”当作了不及物动词，应在“割断”之后加上宾语“这种感情”，或在“割断”前加上“把它”，才能使句子的意思表达完整。全句可改为：孩子与母亲之间的感情是与生俱来的，谁都不可能割断这种感情。或改为：孩子与母亲之间的感情是与生俱来的，谁都不可能把它割断。

【病例】

这次冬奥会上，他能否再创佳绩，再在世界冰坛上展示，观众拭目以待。

【诊断】

“展示”是及物动词，其宾语也不能省略。这个句子，也是误把“展示”当作了不及物动词，应在“展示”之后加上宾语“惊人的技艺”之类的短语，才能纠正语病。全句可改为：这次冬奥会上，他能否再创佳绩，再在世界冰坛上展示惊人的技艺，观众拭目以待。

【病例】

消化系统正常进行，人的身体状况就能保持良好。

【诊断】

“进行”也是及物动词，宾语不得省略，应改为“正常进行工作”。全句可改为：消化系统正常进行工作，人的身体状况就能保持良好。

九、一般动词误作使令动词

有些句子中，会有兼语词组出现。前面动词的宾语兼作后面动词的主语，即称“兼语词组”。兼语词组的第一个动词要求就是使令动词。在这种句子结构中，如果没有使用使令动词，而是由一般动词充当，即为一般动词误作使令动词，会造成语病。

【病例】

这家国际大酒店服务质量上乘，招徕顾客盈门。

【诊断】

这是一个因果复句，前一个分句讲原因，后一个分句讲结果。后一个表示结果的分句，似乎是由一个兼语词组“招徕顾客盈门”充当。如：兼语词组 “使环境整洁”“派我们调查”。这两个词组中，“环境”既是动词“使”的宾语，又是“整洁”的主语；“我们”既是“派”的宾语，又是“调查”的主语。为此，兼语词组的谓语动词要求为使令动词，常见的有“使、派、请、叫、命令”等。但这个句中的“招徕”只是个一般动词，而误作使令动词构成了兼语词组，造成了句意不通，应删去“招徕”，加连词“因而”。全句可改为：这家国际大酒店服务质量上乘，因而顾客盈门。

十、非谓形容词误作性质形容词

非谓形容词即属性词，也称“区别词”，是形容词中的附类，只用来表示人、事物的特征或属性，具有区别或分类的作用。这类形容词一般只作定语，还可以和“的”字构成“的”字结构；但不作谓语，也不受副词的修饰。如违反这个规律，就会产生语病。

【病例】

这种“事不关己高高挂起”的现象并不个别。

【诊断】

“个别”是非谓形容词，在这个句子里误作了一般形容词，不仅作了句子谓语，还被副词“不”修饰，从而产生语病。如“女同学、小型派对、户外运动、核心成员”中的“女、小型、户外、核心”，就是非谓形容词。那么，从这个句子看，应删去“不”，改为“非”，或者在“不”后加“是”，改为“不是”，并在“个别”后面加“现象”。全句可改为：这种

“事不关己高高挂起”的现象并非个别。或改为：这种“事不关己高高挂起”的现象并不是个别现象。

【病例】

这种装饰材料并不高档，但因为性价比高，深受不同用户的青睐。

【诊断】

“高档”也是非谓形容词，在这个句子里误作了一般形容词，既作了句子谓语，也被副词“不”修饰，从而产生语病。应将“不高档”改为“不是高档的”。全句可改为：这种装饰材料并不是高档的，但因为性价比高，深受不同用户的青睐。

编辑应注意：非谓形容词与形容词之所以容易混淆，是因为两者均可以作定语，都可以和“的”构成“的”字结构。如：可以说“大超市”，即“大的”；也可以说“大型超市”，即“大型的”。同时，两者意思也很接近。如：“大、小、高、低”是形容词，而意思相近的“大型、小型、高级、低级”却是非谓形容词。所以说，两者虽然意义上很接近，但功能大不相同。形容词可以作谓语，还可以受“很”“非常”等程度副词修饰；而非谓形容词则不能，如不能说“文章很短期”，只能说“文章很短”。

链接 6

非谓形容词（区别词）小议

非谓形容词，常是成对或成系列的一组词，它们重在区别类属，为此，也称“区别词”。它们在意义上互相对应，从而形容某类对象。

成对的非谓形容词，如：“荤、素，男、女，良性、恶性，中式、西式”等。

成系列的非谓形容词，如：“高档、中档、低档，长期、短期，高级、中级、初级”等。

还有一些非谓形容词是单独的，如：“个别、立体、人造、线性、综合性、流线型”等。

还应特别注意：有些非谓形容词的系列中可能会夹杂形容词，如“高级、中级、初级”中的“高级”，实际上，它还能作形容词，如“很高级”。

十一、集体名词误作个体名词

名词有集体名词和个体名词之分，集体名词一般都含有多数的意义。若将集体名词误用为个体名词，就会造成语病。

【病例】

作为母校培养出来的一名莘莘学子，我由衷地感谢母校。

【诊断】

“莘莘学子”是集体名词，是一个集合概念，不能用量词“一名”来修饰，应删去。全句应改为：作为母校培养出来的莘莘学子，我由衷地感谢母校。

【病例】

远处起雾了，山的轮廓变得不再清晰，连一株树木也看不到了。

【诊断】

“树木”也含有多数的意义，是集体名词，在这个句子中却误作个体名词，并被量词“一株”修饰而造成语病，应当把集体名词“树木”改为个体名词“树”。全句应改为：远处起雾了，山的轮廓变得不再清晰，连一株树也看不到了。

【病例】

今天党支部参观了兰州战役纪念馆，缅怀革命先烈的光辉业绩，接受革命传统教育，使每一位党员们更加坚定了对党忠诚并为共产主义事业奋斗终身的决心。

【诊断】

“每一位”和“党员们”不能搭配。“每一位”表述单数，而“们”用在代词或指人的名词后面表示复数，即“党员们”表述复数，应将“们”删去。全句应改为：今天党支部参观了兰州战役纪念馆，缅怀革命先烈的光辉业绩，接受革命传统教育，使每一位党员更加坚定了对党忠诚并为共产主义事业奋斗终身的决心。

链接　7

集体名词与个体名词小议

名词有集体名词和个体名词之分。

集体名词是由个体组成的集体的名称，这些词本身带有集合概念，或带复数动词，表示多个集体，一般都含有多数的意义，如：“师生、父母、子女、亲朋”等。

有两类集体名词，值得指出：

一是由名词性词根加量词性词根组成的复合名词，如：“马匹、纸张、车辆、人口”。如“纸张”，可以说“一批纸张”，但不能说“一张纸张”。

二是名词后加成分“们”组成的合成词，如：“人们、战士们、同学们”。“们”具有特定用法：其一，“们”用在指人的名词后面表示群体的意义。其二，数量确定的词语后面不再用“们”。其三，指人的专有名词后面加“们”，表示某一类人或“等人、之流”的意思。如：“雷锋们”，指雷锋一类人。其四，指物的名词后面加“们”，是修辞上的拟人手法。如：“星星们、蚂蚁们”。

这两类集体名词均不同于个体名词，前面不能用表示个体的量词修饰，只能用表示集体的量词修饰。

个体名词是与集体名词相对的概念，是为个体而存在的人或事物，可以指具体的人或事物，也可以指抽象的人或事物。为此，个体名词能用个体量词（类词）修饰，通常表示“有数可数、有形可指”的事物。如：“棍子（一根棍子）、毛笔（一支毛笔）、窗户（一扇窗户）”等。

第四讲

词语误用

词语误用就是指词语错用。包括谦辞、敬辞的颠倒混用或者词语的感情色彩与句子意思不同而造成的语病，以及近义词、音同（近）词的误用等。

其中，成语作为词语的重要组成部分，其误用现象也相当普遍，不容忽视，为此，本讲对成语误用问题，也选取典型病例加以具体讲解。

一、谦辞误用

中国是历史悠久的礼仪之邦，古时候的人在表达与自己相关的人或事物时，谦虚是一种常态，通过用降低自己身份的方式来表达对对方的敬重之情，由此衍生出了“谦辞”，即用于自我表示谦恭的词语。谦辞只能用于指称自己或与自己相关的事物或行为，如不注意这一点，就会错用。

【病例】

张学良跟他的家父张作霖不同。

【诊断】

“家父”是一个谦辞，是指对他人称自己的父亲。这句话中，如果是张学良说自己的父亲，用“家父”则没有问题；但显然，表达这句话的人并非张学良而误用了这个词，改为“父亲”即可。全句可改为：张学良跟他的父亲张作霖不同。

【病例】

费老得知我们大年初三前去探望，故早早恭候在家。

【诊断】

“恭候”是一个谦辞，只能用在自己身上，不能用于他人身上，应改为“等候”。全句应改为：费老得知我们大年初三前去探望，故早早等候在家。

【病例】

欣闻敝社四十周年社庆，本人忝列贵宾，因事不能出席表歉！

【诊断】

“敝社”是指自己的出版社，属于谦辞。既然被列为“贵宾”，显然不是出版社的员工，此处属于误用，应将“敝社”改为“贵社”。全句可改为：欣闻贵社四十周年社庆，本人忝列贵宾，因事不能出席表歉！

编辑应注意：应充分了解谦辞产生的历史渊源和传承背景，以及对当今社会生活的深远影响，多学习，多积累。尤其对成语类谦辞误用的各类语病，应格外关注。

链接 8

谦辞小解

谦辞，作为一种特殊的语体世代流传下来，仍被我们现代人在汉语日常交际中使用。得体地使用谦辞，能够给对方留下礼貌的良好印象，还可体现一个人的文化修养；某些较为特殊的场合，在书面语或口语交际中使用谦辞也能起到典雅、庄重的效果。具体参见表2。

表2　谦辞参考表

谦辞	指称性谦辞	指称自己的谦辞	君王指称自己	朕、孤、寡、不穀、予一人等
			官吏指称自己	下官、卑职、末官等
			年长者指称自己	老朽、老夫、老妇、老叟、老身、老脸、老臣、鄙老、老鄙、老拙、小老、愚老、老衲（出家人）等
			读书人、年少者或辈分低者指称自己	小生、晚生、晚学、后学、末学、小弟等
			普通人指称自己	在下、晚辈、愚、敝人、鄙人、刍荛、小可、不才、不佞、不敏、不肖、樗材等
			供役使者或驱使者指称自己	奴、仆、妾等
		指称与自己有关的亲属的谦辞	“家”：指称比自己辈分高或与自己同辈但年龄比自己大的亲属	家祖、家父、家尊、家君、家翁、家母、家严、家慈、家叔、家兄、家岳、家姐等
			“舍”：指称比自己辈分低或与自己同辈但年龄比自己小的非直系亲属	舍侄、舍弟、舍妹、舍亲等
			“拙”：用于指称自己的妻子、丈夫或孩子	拙荆、拙室、拙内、拙夫、拙子等
		指称与自己有关的事物或行为的谦辞	多数含有比较固定的表示贬义或谦虚义的成分：“鄙、窃、拙、愚、贱、敝、下、寒、末、敢、浅、薄、陋、菲、寸、管”字头等	鄙见、鄙意、鄙姓、鄙薄等；窃闻、窃思、窃以为等；拙笔、拙稿、拙文、拙著、拙见等；愚忱、愚诚、愚计、愚见、愚意等；贱事、贱物、贱姓、贱名、贱体、贱恙等；敝处、敝宅、敝庐、敝姓、敝意、敝校、敝号等；下怀、下榻等；寒舍、寒宅、寒门等；末议等；敢问、敢烦等；浅见、浅言、浅酌等；薄面、薄技、薄酒、薄礼、薄献、薄物、薄馔、薄酌等；微见、微言、微忱等；陋诚、陋室等；菲敬、菲仪、菲陋、菲什、菲德、菲礼、菲诚、菲才、菲酌等；寸忱、寸进等；管见、管窥等

续表2

谦辞	表述性谦辞	含一定标志性意义的谦辞	如，谦称自己有愧于做某事或为表达对方布施于自己的行为使自己受了恩惠但对方蒙受了屈辱："忝、辱、猥、"字头等	忝列、忝任等；辱临、辱知、辱照、辱游等；猥赐、猥辱等
			如，谦称自己得到对方较多的称赞、奖励或格外的照顾、爱护："谬、过"字头等	谬赞等；过奖、过誉等
		不含标志性意义的一般谦辞	一般词语	涂鸦、滥竽、承乏、斗胆、献丑、厕身、冒昧、见笑、岂敢、顽健、补壁等
			成语	德薄才疏、道微德薄、德薄能鲜、犬马之劳、抛砖引玉、贻笑大方、敬谢不敏、忝列门墙、蓬荜生辉、一孔之见、才疏学浅、不情之请、略知一二、马齿徒增、望尘莫及、班门弄斧、不足挂齿、人微言轻、雕虫小技、聊表寸心、管见所及、百无一能、美芹之献、姑妄言之等

二、敬辞误用

敬辞，是指表示恭敬的言辞，含恭敬口吻或语气。敬辞同谦辞一样，也是从古至今流传下来。出于敬辞是指称对方的性质，一旦指称对象不是对方，也会造成语病。

【病例】

因本人不慎丢失重要票据一张，期盼拾得者还璧原物，将不胜感激，以资相谢。

【诊断】

“璧”字，即指玉璧，用于敬称对方之物。“还璧”是一个敬辞，也称“璧还”，源于“完璧归赵”的典故，系表达对归还原物或辞谢赠品的礼仪性话语，如“所借之物，不日还璧”。再来看这个句子，表达这句话的人显然误用来称自己丢失之物，着实不妥，应将“还璧”改为“归还”。全句应改为：因本人不慎丢失重要票据一张，期盼拾得者归还原物，将不胜感激，以资相谢。

【病例】

你的文章一气呵成，观点犀利，论据充分，论证有力，只是个别字句略有失当之处，我冒昧地作了个别雅正，谨供参考。

【诊断】

“雅正”是一个敬辞，用于把自己的诗文书画等送给对方请对方指教。而在这个句子中，表达这句话的人显然将这个词用于自己对他人的文章做出指点，误用了该词，应将“雅正”改为“修正”。全句可改为：你的文章一气呵成，观点犀利，论据充分，论证有力，只是个别字句略有失当之处，我冒昧地作了个别修正，谨供参考。

【病例】

我和爱人先后两次光顾过这家日式料理店，老板是一位不善言谈但面容和善的日本人。

【诊断】

“光顾”是一个敬辞，是主人对客人的到来或访问感到荣光的意思，客人没有称自己到来使主人感到荣光的道理，将“光顾”改为“去”即可。全句可改为：我和爱人先后两次去过这家日式料理店，老板是一位不善言谈但面容和善的日本人。

【病例】

自小喜书，幸遇恩师，蒙师不弃，收为“入室弟子”，如是六载，为人学艺，受益一生。

【诊断】

“入室”比喻学问或技艺得到师传，造诣较高。由此，“入室弟子”是一个敬词，表示对他人的赞誉，是溢美之词。根据句子意思分析，作者是为了形容自己得到了恩师传授的技艺，误将敬辞用作了谦辞，可以将“入室弟子”改为“忝列门墙”，并将“收为”改为“得以”。全句可改为：自小喜书，幸遇恩师，蒙师不弃，得以忝列门墙，如是六载，为人学艺，受益一生。

【病例】

凡办理我健身会馆VIP年卡的客户，惠赠面值100元的购物卡一张。

【诊断】

“惠”字是用于对方对持自己的行为的敬辞。“惠赠”即指对方赠予（财物）的意思，所指向的对象是对方而不是说话人自己，应改“惠赠”为“赠送”。全句可改为：凡办理我健身会馆VIP年卡的客户，赠送面值100元的购物卡一张。

编辑应注意：敬辞同谦辞一样，能否正确使用体现了作者文学素养水平的高低。在日常生活和话语表达中，人们错用敬辞的情况还是较为普遍的，编辑在平时的审稿工作中，只有格外注意敬辞和谦辞不同的语境，确切理解两种词性的真正含义，才能区分及掌握运用二者的方法。

链接 9

敬辞小解

现代汉语中，根据不同对象、不同场合、不同关系恰当地使用敬辞，无论是在书面语，还是口语交际中，都是语言运用得体的重要体现。从这个意义上说，编辑也应重视敬辞知识的积累。具体参见表3。

表3　敬辞参考表

敬辞	指称性敬辞	指称他人的敬辞	敬称君王	陛下、大王、王、上、君、主公、天子、万乘、圣主、主上、元首、九重天等
			敬称太子、亲王	殿下等
			敬称有一定地位的人	节下、阁下、大人等
			敬称男子	公、子、夫子、公子、先生、君、明公、仁公、良人、官人、足下、尊驾、台端、台甫等
			敬称同辈友人中的年长者	兄台、仁兄等
		指称与他人有关的人的敬辞	“尊”：主要用于称呼他人的长辈或同辈中的年长者	尊公、尊甫、尊侯、尊君、尊翁、尊大人、尊上、尊亲、尊堂、尊萱、尊兄、尊台、尊嫂、尊阁（敬称他人妻子）、尊壸（敬称他人妻室）、尊累（敬称他人家属）等
			“贤”：多用于称呼他人的晚辈或同辈，有时也用于长辈	贤弟、贤侄、贤甥、贤妹、贤乔梓、贤昆仲、贤伉俪等
			“令”：通用于他人亲属的称谓，无辈分和年龄之别	令尊、令堂、令岳、令郎、令爱、令兄、令弟、令婿、令祖、令姊、令妹、令侄、令亲等
		指称与他人有关的事物或行为的敬辞	如，含有比较固定的表示敬重、美好或尊贵意义的成分：“贵、尊、宝、高、大、敬、惠、雅、芳、华、玉、恭、清、嘉、钧”等	贵官、贵姓、贵庚、贵干、贵国、贵府、贵地、贵壤、贵体、贵恙、贵忙、贵友、贵业等；尊姓、尊名、尊寓、尊府、尊便等；宝地、宝号、宝刹、宝座等；高堂、高足、高徒、高僧、高就、高邻、高作、高龄、高寿、高见、高论、高喻、高诲等；大稿、大函、大笔、大名、大师、大礼、大作、大驾、大寿等；敬告、敬贺、敬候、敬礼、敬请等；惠函、惠书等；雅教、雅正、雅量、雅兴、雅意等；芳邻、芳龄、芳名等；华诞、华翰、华宗、华篇等；玉成、玉手、玉体、玉言、玉音等；恭贺、恭喜、恭请、恭迎等；清诲等；嘉惠等；钧鉴、钧安、钧座等

续表3

敬辞	表述性敬辞	含一定标志性意义的敬辞	如，烦劳他人为自己做某事而施以的言辞上的敬称：“光、拜、奉、仰、垂、赐、俯、”等	光临、光顾等；拜辞、拜读、拜访、拜服、拜识、拜贺、拜托、拜望等；奉达、奉复、奉告、奉陪、奉劝、奉送、奉赠、奉托、奉迎等；仰荷、仰蒙、仰承等；垂爱、垂念、垂青、垂问、垂询等；赐教、赐见、赐告、赐示等；叨扰、叨光、叨教等；俯察、俯念、俯就、俯允等；屈驾等
		不含标志性意义的一般敬辞	一般词语	借重、海涵、莅临、斧正、呈正、璧还、璧谢等
			成语	高抬贵手、高朋满座、不吝赐教、虚怀若谷、鼎力相助、率先垂范、虚左以待、阖第光临、艰难玉成、惠然肯来、高风亮节、当之无愧、运筹帷幄、远见卓识、完美无缺、盖世无双、头角峥嵘、庸中佼佼、才高八斗、学富五车、文武双全、雄韬伟略、谈吐不凡、大显神通、出口成章、出类拔萃、出神入化、万古流芳、一箭双雕、功德无量等

三、褒贬错位

汉语的词义还附属一定的感情色彩。

有些词表明说话人对有关事物的喜爱、赞美、欣赏、肯定、褒扬之情，称为“褒义词”。准确使用褒义词可以起到赞美某人或某物的作用，甚至可以达到升华精神情感和境界的效果。

有些词则表明说话人对有关事物的厌恶、贬斥、否定、憎恨、轻蔑之情，称作“贬义词”。准确使用贬义词可以鲜明地表达作者的思想和情感，更好地揭示人物或事物的本质特征；借助特定的语境，得体地使用贬义词，还可以使语言表达更加深刻含蓄，达到文情并茂、妙趣横生、意蕴隽永的效果。

如褒贬错位，会导致“欲褒实贬”或“欲贬实褒”，与说话人的意愿恰好相反，从而造成语病。

值得注意的是，含褒义或贬义的成语误用问题比一般褒义词、贬义词的误用问题突出，不容忽视，这里将举例讲解。

（一）褒义词误用

【病例】

这个犯罪头目别提有多顽强了，警察讯问了他老半天，他就是不交代罪行。

【诊断】

“顽强”是指坚强、强硬，是指不屈于任何外力坚持下去，虽然有时用于敌对的一方，但更多用于褒义，如“顽强拼搏”“具有顽强的意志和毅力”。这个句子主语是“犯罪头目”，“不交代罪行”是一种坚持错误的行为，如果用“顽强”来形容，语义色彩显然就不妥了，可改为贬义词“顽固”。全句可改为：这个犯罪头目别提有多顽固了，警察讯问了他老半天，他就是不交代罪行。

（二）贬义词误用

【病例】

某报新闻标题：谷爱凌北京冬奥会染指两金，跻身全球女运动员吸金榜Top5。

【诊断】

“染指”本是贬义词，这里误作褒义词了。“染指”是成语“染指于鼎”的缩写，《左传·宣公四年》：“公子宋与子家将见，子公之食指动，以示子家，曰：‘他日我如此，必尝异味。’……及食大夫鼋，召子公而弗与也。子公怒，染指于鼎，尝之而出。”原意是手指伸进鼎里蘸汤来尝尝滋味，后用来形容沾取非分利益，故含有明显的贬义。为此，这个句子中使用“染指”一词显然不当，应改为“摘得”。全句可改为：“某报新闻标题：谷爱凌北京冬奥会摘得两金，跻身全球女运动员吸金榜Top5。”

【病例】

国际半导体协会的观点，与比尔·盖茨的观点雷同。

【诊断】

“雷同”原意是旧说打雷时，许多东西都同时响应；后泛指随声附和，也指不该相同而相同，含有明显的贬义。为此，这个句子中，应将“雷同”改为“相同”。全句可改为：国际半导体协会的观点，与比尔·盖茨的观点相同。

【病例】

他的父亲勤俭、威严，几十年来一直把持着十几口人的生活。

【诊断】

“把持”是指独占位置、权力等，不让别人参与，含贬义，如“把持朝政”“把持财政”。分析这个句子的意思，用“把持”形容父亲明显不妥，应改为“操持”。全句可改为：他的父亲勤俭、威严，几十年来一直操持着十几口人的生活。

【病例】

淘宝网等一些购物网站经常有一些四季穿搭的带货直播，深得网友的青睐，不少商家纷纷效尤。

【诊断】

“效尤”指明知别人的行为是错误的而照样去做，是个贬义词。说四季穿搭的带货直播，深得网友的青睐，纷纷效仿，当然不是坏事，应将“效尤”改为“效仿”。全句可改为：淘宝网等一些购物网站经常有一些四季穿搭的带货直播，深得网友的青睐，不少商家纷纷效仿。

四、成语误用

成语，是中华民族长期以来习用并流传下来的简洁精辟的定型词组或短句，展现了汉语表达具有丰富内涵的能力和语义融合能力。成语大多由四个字组成，一般都有出处。部分成语从字面上不难理解其义，如“后来居上”“小题大做”等；部分成语必须知道来源或典故才能理解意思，如“叶公好龙”“握发吐哺”等，再通过本义引申出比喻义。

现代汉语中，成语误用的情况不少，按类型分，大体可分为七种：用错对象、重复赘余、轻重失当、敬谦颠倒、褒贬不当、乱改成语、望文生义。在这里，重点介绍后四种。

（一）用错对象

成语的使用要看对象，忌张冠李戴。有些成语有其特定的适用范围和对象，若使用不当，就会造成语病。

【病例】

舞台剧《长恨歌》剧情抑扬顿挫，艺术感染力强，受到现场观众的热烈称赞。

【诊断】

晋代陆机《遂志赋·序》：“崔、蔡冲虚温敏，雅人之属也；衍抑扬顿挫，怨之徒也。”“抑扬顿挫”形容声音高低起伏和停顿转折，节奏分明，和谐悦耳。而在这个句中，用“抑扬顿挫”来形容剧情，显然犯了张冠李戴的错误，可以换为“跌宕起伏”。全句可改为：舞台剧《长恨歌》剧情跌宕起伏，艺术感染力强，受到现场观众的热烈称赞。

【病例】

正玩得兴高采烈的时候，一场暴雨突然降临，大家只好戛然而止，各自回家。

【诊断】

《歧路灯》第九十五回：“唱了几套，戛然而止。”“戛然而止”形容声音突然停止。此处属用错对象，可改为“扫兴而归”，并删去后面的“各自回家”。全句可改为：正玩得兴高采烈的时候，一场暴雨突然降临，大家只好扫兴而归。

（二）重复赘余

成语的使用有一类情况，成语本身已经表达出了某个意义，但因为口语表达习惯等问题，又额外加上某些词，看上去语气语义没有问题，实则画蛇添足，影响了成语意思的表达而造成语病。

【病例】

这段相声笑料频出，一向严肃的伯伯听了也忍俊不禁地笑出声来。

【诊断】

唐代崔致远《答徐州时溥书》："足下去年，忍俊不禁，求荣颇切。""忍俊不禁"原指热衷于某事而不能克制自己，后指忍不住笑出声来。这个句子中，已使用了"忍俊不禁"，明显与后面的"笑出声来"意思重复了，应删去。全句应改为：这段相声笑料频出，一向严肃的伯伯听了也忍俊不禁。

【病例】

一看群情激愤，"咸猪手"只好在大家众目睽睽之下，灰溜溜地下了公交车跑了。

【诊断】

唐代韩愈《郓州溪堂诗并序》："新旧不相保持，万目睽睽，公于此时能安以治之，其功为大。""众目睽睽"指大家的眼睛都注视着。这个句子中，"众目睽睽"与前面的"大家"语义重复，使用不当，应删去"大家"。全句应改为：一看群情激愤，"咸猪手"只好在众目睽睽之下，灰溜溜地下了公交车跑了。

链接 10

易重复赘余的成语

括号内的词为多余，应删去：

出乎意料（之外）
感激涕零（地流下眼泪）
接踵而至（地闯进来）
开诚相见（地交换意见）
刻骨铭心（地难以忘记）
口若悬河（地说个不停）
满腹经纶（的才华）
潜移默化（地影响着）
三令五申（地强调）
习以为常（的习惯）
一览无余（地看到）
责无旁贷（的责任）
（广大灾民）哀鸿遍野
（感到）爱莫能助
（浑身）遍体鳞伤
（一起）并驾齐驱
（突然）不期而遇
（没想到受到）不虞之誉
（亲眼）耳闻目睹
（正）方兴未艾
（各自）分道扬镳
（忽然）恍然大悟
（还）记忆犹新
（独自）孑然一身
（值得）可歌可泣
（迅速）立竿见影
（令人）利令智昏
（到处）漫山遍野

（突然）茅塞顿开

（更加）弥足珍贵

（劳苦大众）民不聊生

（一天天）日臻完善

（好像）如数家珍

（说得）闪烁其词

（众多的）莘莘学子

（百姓）生灵涂炭

（说话音量）声如洪钟

（自然地）水到渠成

（几天几夜）通宵达旦

（自己）妄自菲薄

（替他）为虎作伥

（觉得）习以为常

（显得）相形见绌

（各种）形形色色

（人为）蓄意破坏

（背地里）阳奉阴违

（从此）一劳永逸

（过分）溢美之词

（许多）芸芸众生

（感到）自惭形秽

（三）轻重失当

有些成语词义较重，有些成语词义较轻，这就要求根据特定的语境选用轻重适度的成语，以避免“轻重失当”。

【病例】

为了出版这本当代书画家作品集，他义无反顾地放弃了休息时间，一有时间便搜集资料。

【诊断】

《史记·司马相如列传》："触白刃，冒流矢，义不反顾，计不旋踵。""义无反顾"指在道义上只能奋勇向前，不能徘徊退缩。"为出版作品集而放弃休息时间"与"道义"无关，而使用了语义程度较重的成语，属于轻重失当了，可以改为"毫不犹豫"。全句可改为：为了出版这本当代书画家作品集，他毫不犹豫地放弃了休息时间，一有时间便搜集资料。

【病例】

齐老师身兼班主任、年级组长等职，又担任三个班的数学老师，真是日理万机。

【诊断】

《尚书·皋陶谟》："兢兢业业，一日二日万几。""日理万机"指每天处理成千上万的政务，形容政务繁忙，工作辛苦。这位老师虽然也很辛苦，但用"日理万机"来形容，未免轻重失当，可改为"竭尽心力"。全句可改为：齐老师身兼班主任、年级组长等职，又担任三个班的数学老师，真是竭尽心力。

【病例】

我国外交部的这一项声明，义愤填膺，充分表达了中国人民捍卫国家主权的强烈愿望。

【诊断】

《旧唐书·文宗本纪下》："我每思贞观、开元之时，观今日之事，往往愤气填膺耳。""义愤填膺"指胸中充满了愤怒，多指恼怒和愤懑。如："听到很多学生被捕后，他怒发冲冠，义愤填膺。"而这个句子中，作为外交部的声明，是个国家行为，带有明显的官方性质，具有严肃性，使用"义愤填膺"这个成语显然轻重失当，宜改为"义正辞严"。全句可改为：我国外交部的这一项声明，义正辞严，充分表达了中国人民捍卫国家主权的强烈愿望。

（四）敬谦颠倒

成语中的敬谦颠倒现象较为常见。有些表示谦虚的词只能指称自己不能指称别人，有些含敬意的词只能指称别人不能指称自己。现实中将二者搞反的情况较为常见，是不明词义所致。

1.含谦辞义的成语误用

【病例】

嘉宾落座后，主持人说道，今天在座的都是相关领域的专家，我们邀请各位来，就是希望大家能充分交流思想，碰撞出花火，请大家姑妄言之。

【诊断】

《庄子·齐物论》："予尝为女（汝）妄言之，女（汝）以妄听之。""姑妄言之"是一个成语，也是一个谦辞，意指姑且随便说说，通常是指说话的人自己随意说说。在这个句子中，被误用为"大家"随意说说，显然属于误用。根据句子意思分析，可将"姑妄言之"改为"畅所欲言"。全句可改为：嘉宾落座后，主持人说道，今天在座的都是相关领域的专家，我们邀请各位来，就是希望大家能充分交流想法，碰撞出花火，请大家畅所欲言。

【病例】

今天的会议收获良多，尤其科研组组长最后带有总结性质的抛砖引玉，给了大伙更深的启发和思考。

【诊断】

《景德传灯录·赵州东院从稔禅师》："比来抛砖引玉，却引得个墼子。""抛砖引玉"是一个成语，也是一个歉辞，原意指抛出砖去，引回玉来。比喻以自己粗浅的见解或文章，引出别人的高见或佳作。这个句子中，形容他人的话显然属于误用，可将"抛砖引玉"改为"真知灼见"。全句可改为：今天的会议收获良多，尤其科研组组长最后带有总结性质的真知灼见，给了大伙更深的启发和思考。

【病例】

如今的学术圈不断扩容，实则学术环境有待净化，班门弄斧之人不乏其数。

【诊断】

唐代柳宗元《王氏伯仲唱和诗序》：“操斧于班、郢之门，斯强颜耳。”“班门弄斧”比喻自己在行家面前卖弄本领，是一个谦辞。再看这个句子，将此词误用，比喻了他人，可考虑替换一个近义词“自作聪明”。全句可改为：如今的学术圈不断扩容，实则学术环境有待净化，自作聪明之人不乏其数。

2.含敬辞义的成语误用

【病例】

你放心，你的事情就是我的事情，这件事包在我身上，我一定鼎力相助。

【诊断】

“鼎力相助”是一个敬辞，用于请求他人帮忙或表示感谢时的客套话，例如：“我能取得今天这样的成就，还多亏了你鼎力相助啊！”这个词用在这个句子中才是正确的。再分析这个句子，误将“鼎力相助”当作谦辞用在了自己给别人帮忙上，可将“鼎力相助”改为“全力相助”。全句可改为：你放心，你的事情就是我的事情，这件事包在我身上，我一定全力相助。

【病例】

这一次，我就高抬贵手，下一次，决不轻饶！

【诊断】

元代范子安《竹叶舟》第四折：“弟子愚眉肉眼，怎知道真仙下降，只望高抬贵手，与我拂除尘俗者。”“高抬贵手”原意指请抬起尊贵的手，多用于请求对方给予方便或宽恕的客套话，属于敬辞。而在这个句子中，显然说话的人将该词用到了自己身上，以致误用，将“高抬贵手”改为一般动词“饶恕”，后面再加“你”即可。全句可改为：这一次，我就饶恕你，下一次，决不轻饶！

（五）褒贬不当

就成语而言，感情色彩运用不得当的现象也时有发生，即褒贬不当，是由于对褒义词、贬义词的感情色彩了解不够而致误用。

1.褒义成语误用

【病例】

一些“小饭桌”和课后托管班的服务之差是有口皆碑的。

【诊断】

宋代高僧释普济所著佛教典籍《五灯会元》载：“劝君不用镌顽石，路上行人口似碑。”“有口皆碑”意指所有人的嘴都是记载功德的碑石，形容人人称赞，是一个褒义词。当了解了这个词的褒义词词性后，就能发现这句话将该词理解为贬义而使用了，实际上，该词不能形容缺点或负面行为，可将“有口皆碑”改为“众所周知”。全句可改为：一些“小饭桌”和课后托管班的服务之差是众所周知的。

【病例】

乾隆年间的贪官和珅，做官二十余年，犯下的罪行真是叹为观止。

【诊断】

据《左传·襄公二十九年》记载，吴公子季札在鲁国观赏音乐、舞蹈，在看到《韶箾》舞时，说：“观止矣！若有他乐，吾不敢请已。”“叹为观止”往往赞美看到的事物美好到了极点，是个褒义词。这个句子中，却用来形容“罪行”这一不好的事物，属于褒义词误用贬义词，可以改为“罄竹难书”。全句可改为：乾隆年间的贪官和珅，做官二十余年，犯下的罪行真是罄竹难书。

【病例】

个别干部身居要职，却胸无城府，思想顽固僵化，不思进取，甚至有享乐主义的倾向。

【诊断】

《宋史·傅尧俞传》："尧俞厚重言寡，遇人不设城府，人自不忍欺。""胸无城府"形容一个人胸怀坦荡，直率真诚。而从这句话的意思分析，明显是对"身居要职者"的贬义表述，犯了误用褒义词的语病。可将"胸无城府"改为"胸无点墨"。全句可改为：个别干部身居要职，却胸无点墨，思想顽固僵化，不思进取，甚至有享乐主义的倾向。

【病例】

小崔一向爱占便宜，碰到对自己有利的事情，一概当仁不让，所以单位的人都不怎么待见他。

【诊断】

《论语·卫灵公》："当仁不让于师。""当仁不让"意思是仁德当前，义无反顾，即使是老师，也不谦让，是个褒义词，现在泛指遇到应该做的事情积极主动去做，不退让；而不能指这个句子中所表达的对"爱占便宜"的事"当仁不让"，为此，可将此词改为贬义词"雁过拔毛"。全句可改为：小崔一向爱占便宜，碰到对自己有利的事情，一概雁过拔毛，所以单位的人都不怎么待见他。

【病例】

有的青少年自律能力差，夙兴夜寐，沉迷于网络游戏不能自拔，就只能落到荒废学业的地步。

【诊断】

《诗经·卫风·氓》："夙兴夜寐，靡有朝兮。""夙兴夜寐"意思是指早起晚睡，用来形容勤劳不懈的人，是一个褒义词。而用在这个句子里，显然是将褒义词错用为贬义词，可将"夙兴夜寐"改为"不分昼夜"。全句可改为：有的青少年自律能力差，不分昼夜，沉迷于网络游戏不能自拔，就只能落到荒废学业的地步。

【病例】

总结工作经验，实际上，即使是小错误也不应该放过，要知道集腋成裘，更容易对工作造成大的损害。

【诊断】

《慎子·知忠》："粹白之裘，盖非一狐之腋也。""集腋成裘"是指狐狸腋下的毛皮虽然少，但是聚集起来就能缝成一件皮袄，比喻积少成多，是个褒义词。而这个句子中，用"集腋成裘"形容错误的积累，不恰当，可改为中性词"积少成多"。全句可改为：总结工作经验，实际上，即使是小错误也不应该放过，要知道积少成多，更容易对工作造成大的损害。

编辑应注意：积累一些含褒义性质的成语，对平时审稿工作会大有帮助。易误用的褒义词参见表4。

表4　易误用的褒义词

褒义词	喻义
重整旗鼓	比喻失败之后，重新聚积力量，准备再干，含褒义。
侃侃而谈	形容理直气壮、从容不迫地讲话，含褒义。
拭目以待	形容殷切期望或密切关注事态的动向、发展及结果，含褒义。
栉风沐雨	形容人经常在外面不顾风雨地辛苦奔波，含褒义。
惨淡经营	比喻费尽心思辛辛苦苦地经营筹划，后泛指在困难的境况中艰苦地从事某种事业，含褒义。
登堂入室	比喻学问或技能从浅入深，达到很高的水平，含褒义。
神机妙算	形容预料准确，善于估计形势，决定策略，含褒义。
言之凿凿	比喻说话有真凭实据，而不是空泛的话语，含褒义。
蔚然成风	形容事物盛极一时，成为一种良好的风气，含褒义。
凤毛麟角	比喻珍贵而稀少的人或物，含褒义。
名噪一时	比喻一时的名声很大，含褒义。
狐死首丘	比喻不忘本或怀念故乡，也比喻对故国、故乡的思念，含褒义。
名不虚传	比喻传出的名声与实际相符合，不是空有虚名，含褒义。
炉火纯青	比喻学问、技术等达到了完美纯熟的境界，含褒义。
不刊之论	比喻不能改动或不可磨灭的言论，也比喻文章或言辞精准得当，无懈可击，含褒义。

续表4

褒义词	喻义
弊绝风清	形容社会风气好，没有贪污舞弊等坏事情，含褒义。
别出机杼	比喻诗文的构思和布局巧妙，也比喻写作另辟蹊径，能够创新，含褒义。
目无全牛	比喻人的技艺高超，得心应手，已经达到非常熟练的地步，含褒义。
同心同德	比喻思想统一、信念一致，含褒义。
气冲霄汉	比喻魄力大，有大无畏的精神和气节，含褒义。
马革裹尸	比喻英勇作战，也比喻英勇牺牲在战场，有着视死如归的决心，含褒义。
任劳任怨	比喻人做事热心负责、不辞辛苦、不怕嫌怨，含褒义。
破釜沉舟	比喻做事不留退路，下决心不顾一切地进行到底，含褒义。
如雷贯耳	比喻人的名声大，含褒义。
无出其右	比喻没有人能超过他，含褒义。(古人以右为尊)
势如破竹	比喻节节胜利，毫无阻碍，含褒义。
头角峥嵘	比喻突出地显露了才能和本领，也比喻气概不凡、才华出众，尤其指青少年，含褒义。
死得其所	比喻死得有意义、有价值，含褒义。
功成身退	比喻功业建成后隐身而退，含褒义。
口若悬河	比喻能说善辩，滔滔不绝，含褒义。
雨后春笋	比喻新生事物大量地涌现出来，含褒义。
彪炳千古	比喻伟大的业绩流传千秋万代，含褒义。
毁家纾难	比喻不惜捐献所有家产，帮助国家减轻困难，解救国难的大义行为，含褒义。
虚怀若谷	比喻十分谦虚，能接纳别人的意见，含褒义。
大有作为	比喻能够充分发挥才能，做出一番贡献，含褒义。
翘首以待	比喻殷切地等待，有盼望之意，含褒义。

续表4

褒义词	喻义
不苟言笑	比喻态度庄重严肃,含褒义。
高山景行	比喻崇高的德行,也指值得效法的崇高德行,含褒义。
怀瑾握瑜	比喻人具有纯洁高尚的品德,含褒义。
光风霁月	比喻开阔的胸襟和坦白的心地,也比喻太平清明的政治局面,含褒义。
见微知著	比喻见到细微的苗头就能预知事物发展的方向,也指能透过微小的现象看到本质,推断结论或结果,含褒义。
醍醐灌顶	比喻彻底醒悟,也比喻听了高明的意见使人受到很大启发,含褒义。
未雨绸缪	比喻事先做好准备工作,含褒义。
一语破的	比喻一句话就击中要害或关键,含褒义。
一针见血	比喻论断直截了当,切中要害,含褒义。

2. 贬义成语误用

【病例】

这样的业绩来之不易，始作俑者还是领导班子，他们对绿色消费、生态消费的倡导，正好迎合了当前的环保理念。

【诊断】

《孟子·梁惠王上》:“仲尼曰:‘始作俑者，其无后乎!’为其象人而用之也。”“俑”是古代殉葬用的木制或陶制的偶人。孔子认为即使是用俑人来代替活人殉葬也是不人道的行为，最先提倡者恐怕要断子绝孙。后来人们便用“始作俑者”比喻首开恶劣风气或行径的人。再分析这个句子，想表达的意思并非贬义，“业绩来之不易”与“领导班子的倡导”分不开，是夸赞的口气，为此，用“始作俑者”显然不妥，可改为“首倡者”。全句可改为：这样的业绩来之不易，首倡者还是领导班子，他们对绿色消费、生态消费的倡导，正好迎合了当前的环保理念。

【病例】

刚回国准备创业的惠子第一眼见到窦嵩律师，就被他那副道貌岸然、英俊潇洒的样子深深吸引了。

【诊断】

《敦煌变文集·维摩诘讲经文》："然见维摩，道貌凛然，仪形磊落。""道貌岸然"形容神态庄重，外貌严肃正经，现多用来讽刺假装正经、表里不一的伪君子，含贬义。从这个句子的意思分析，是误将此词作为褒义词使用了，删除即可。全可应改为：刚回国准备创业的惠子第一眼见到窦嵩律师，就被他那副英俊潇洒的样子深深吸引了。

【病例】

卖画的人缓缓地说："这些都是名人字画，喜欢了就带上一幅去，送给亲朋好友不失面子，挂在家里不仅大气，还能附庸风雅。"

【诊断】

清代李宝嘉的《官场现形记》第四十二回："喜欢便宜，暗中上当，附庸风雅，忙里偷闲。""附庸风雅"指缺乏文化修养的人硬装出一副斯文儒雅的样子，含贬义。这个句子，卖画的人一边游说他人买画，一边又说他人可以借此"附庸风雅"，"附庸风雅"本身含讽刺义，显然不合适，可以将此词改为"增添雅致"。全句可改为，卖画的人缓缓地说："这些都是名人字画，喜欢了就带上一幅去，送给亲朋好友不失面子，挂在家里不仅大气，还能增添雅致。"

【病例】

老余的儿子今年考上了清华大学，小镇上的街坊邻居纷纷祝贺道喜，可谓满城风雨。

【诊断】

宋代释惠洪《冷斋夜话》卷四："昨日清卧，闻搅林风雨声，遂起题壁曰：'满城风雨近重阳。'忽催税人至，遂败意。""满城风雨"原形容秋天的景色和气候，现用来形容事情传遍各处，到处都在议论，含贬义。分析这个句子，考上清华大学是高兴的事，却误将贬义词当了褒义词使用，可将“满城风雨”改为中性词“尽人皆知”。全句应改为：老余的儿子今年考上了清华大学，小镇上的街坊邻居纷纷祝贺道喜，可谓尽人皆知。

【病例】

当地公安机关倾巢出动，当夜将贩毒分子一网打尽，如数抓获。

【诊断】

“倾巢出动”比喻全体出动，含贬义；而在这个句子中，用在“公安机关”身上显然用错了地方，可将“倾巢出动”改为“连夜出动”，将后面的“当夜”删去。全句可改为：当地公安机关连夜出动，将贩毒分子一网打尽，如数抓获。

【病例】

张大千的画展开幕了，书画研究院的画家竞相观摩，艺术爱好者也趋之若鹜。

【诊断】

清代李渔《与赵声伯文学》：“蝇头之利几何，而此辈趋之若鹜？”“趋之若鹜”意指像鸭子一样成群地跑过去，比喻很多人争相追逐和趋附，含贬义。这个句子中，作者没有注意到这个词具有贬义的感情色彩而误当中性词使用，造成语病，可将此词改为“纷至沓来”。全句可改为：张大千的画展开幕了，书画研究院的画家竞相观摩，艺术爱好者也纷至沓来。

编辑应注意：积累一些含贬义性质的成语，对平时编校工作很有必要。易误用的贬义词参见表5。

表5 易误用的贬义词

贬义词	喻义
发号施令	比喻发出命令、下达指示，含贬义。
八面玲珑	比喻为人处世圆滑，待人接物面面俱到，含贬义。
大放厥词	比喻夸夸其谈，大发谬论，含贬义。
半斤八两	比喻彼此不相上下，实力相当，含贬义。

续表5

贬义词	喻义
大腹便便	形容肥胖的样子，含贬义。
好大喜功	比喻一切脱离实际，一心只想做大事、贪大求功的浮夸作风，含贬义。
俯首帖耳	形容卑微顺从的样子，含贬义。
大而无当	形容大得不切合实际、不合用，含贬义。
百足之虫，死而不僵	比喻某人或某集团虽然失势，但仍存在一定气势和能量，不是立即就会彻底垮台的，含贬义。
奉若神明	比喻对某些人或事的盲目尊崇，含贬义。
大行其道	比喻在某范围内广为流传，盛行一时。也可指大肆推行自己的主张，含贬义。
无独有偶	比喻虽然罕见，但不止一个，还有可以配对的，表示两件事或两个人十分相似，含贬义。
改头换面	比喻只改变外表和形式，内容实质不改变，含贬义。
好为人师	比喻喜欢当别人的老师，不谦虚，自以为是，爱摆老资格，含贬义。
见风使舵	比喻看势头或看别人的眼色行事，含贬义。
救命稻草	比喻危急时刻慌乱地采取无效的办法，含贬义。
面目全非	比喻完全不是原来的样子，也形容事物变化很大，含贬义。
明哲保身	比喻为了保住个人利益回避原则的庸俗作风，含贬义。
上蹿下跳	比喻人上下奔走，四处活动，含贬义。
师心自用	比喻自以为是，固执己见，不肯接受别人的正确意见，含贬义。
如丧考妣	比喻非常伤心和着急，好像死了父母那样悲痛，含贬义。
黔驴技穷	比喻反面人物的本领低劣，无法摆脱困难处境，含贬义。
趋之若鹜	比喻很多人争相追逐和趋附，含贬义。
拾人牙慧	比喻拾取别人的一言半语当作自己的话，含贬义。
自鸣得意	比喻自以为了不起，很得意，形容自我欣赏，含贬义。

续表5

贬义词	喻义
评头品足	比喻对人对物多挑剔，随便评说，含贬义。
挑肥拣瘦	比喻挑挑拣拣，光要对自己有利的东西，含贬义。
无所不至	比喻没有达不到的地方，亦指凡能做的都做到了（用于坏事），含贬义。
无所不为	指没有不干的事，什么坏事都能干得出来，含贬义。
树碑立传	比喻通过某种途径树立个人威信，抬高个人声望，含贬义。
听之任之	比喻任凭事物存在或发展而不去过问，含贬义。
连篇累牍	形容篇幅过多，文辞冗长，含贬义。
养尊处优	比喻处在优渥的地位或环境中，安于享乐，含贬义。
高谈阔论	比喻畅快而无拘束地谈论或没有实质内容的空泛而谈，含贬义。
翻云覆雨	比喻反复无常或惯于玩弄手段，含贬义。
一团和气	比喻互相之间只讲和气，不讲原则，含贬义。
沆瀣一气	比喻臭味相投的人勾结在一起，含贬义。
呼朋引类	比喻招引志趣相同的人，含贬义。
摇唇鼓舌	比喻耍弄嘴皮子进行挑拨煽动，含贬义。
神气活现	比喻自以为了不起而表现出来的得意和傲慢的样子，含贬义。
天花乱坠	形容说话好听、写文章漂亮，但不切实际，含贬义。
振振有词	形容自以为理由充分，说个没完，含贬义。
坐而论道	比喻坐着空谈大道理，形容口头说说，不见行动，含贬义。
以邻为壑	比喻只图自己一方的利益，把困难或祸害转嫁给别人，含贬义。
党同伐异	形容结帮分派，偏向同伙，打击有不同意见的人，含贬义。

（六）乱改成语

出版物中不得随意更换成语中的文字、变动成语结构或曲解成语内涵。不得在成语中随意插入网络语言或外国语言文字，不得随意窜改、乱用成语，如把“其乐无穷”改为“棋乐无穷”，把“一往情深”改为“一网情深”，把“引以为荣”改为“饮以为荣”，这些都是不符合语言规范的。

【病例】

活得通透的女人到了中年，穿衣投足间都散发着优雅气质。

【诊断】

“穿衣投足”是将俗语“穿衣打扮”和成语“举手投足”杂糅在了一起，属于乱改成语，不可取。唐代韩愈《应科目时与人书》：“如有力者，哀其穷而运转之，盖一举手一投足之劳也。”“举手投足”原意指一抬手，一动脚；现泛指一举一动。从句子意思分析，应将该词改为“举手投足”。全句可改为：活得通透的女人到了中年，举手投足间都散发着优雅气质。

【病例】

这篇新闻稿撤下来吧，写得不及时，不免早已有昨日黄花之感。

【诊断】

“昨日黄花”属于乱改成语，将“明日黄花”的“明日”误改为“昨日”所致。宋代苏轼《九日次韵王巩》：“相逢不用忙归去，明日黄花蝶也愁。”“明日黄花”原意是指古人有重阳赏菊的习俗，错过了此时令，菊花就没有多少赏玩的价值了。现比喻过时的或失去意义的事物。全句应改为：这篇新闻稿撤下来吧，写得不及时，不免早已有明日黄花之感。

【病例】

读了尹烨的《生命密码》一书，才深深地感到人的生死均是归于自然的，人恰如蜉蝣一粟。

【诊断】

“蜉蝣一粟”属于乱改成语“沧海一粟”而成，“蜉蝣”是一种生命期很短的昆虫，其成虫寿命只有几小时或最多几天。这个句子中，作者想表达的意思是人的一生也很短暂，但仿造成语形式随意窜改，并将其他词语杂糅进来以致语病。全句可改为：读了尹烨的《生命密码》一书，才深深地感到人的生死均是归于自然的，人恰如沧海一粟。

链接 11

变异成语

变异成语是指根据网络语言、仿照成语形式生造的词语。它们在意义或格式上进行改变、改造，或暗喻，或指代，或双关，属于别有用心的不良改造，在出版物中不得使用。如：

“十动然拒”：十分感动然后拒绝。(×)

“男默女泪”：男人沉默、女人流泪。(×)

“累觉不爱”：很累，感觉自己不会爱了。(×)

“细思恐极”：细细思想，觉得恐怖至极。(×)

“人艰不拆”：人生已经如此艰难，有些事就不要拆穿了。(×)

“喜大普奔”：喜闻乐见、大快人心、普天同庆、奔走相告。(×)

（七）望文生义

望文生义，顾名思义，是指只根据字面意思而作牵强附会的不确切的解释。望文生义是误解词语意义的主要原因。

【病例】

只要你设身处地，到抗疫第一线去，你就不能不为医护人员那种舍己救人的精神所感动。

【诊断】

宋代朱熹《礼记·中庸》：“体群臣也。”宋代朱熹注：“体，谓设以身处其地而察其心也。”“设身处地”意指设想自己处在别人的地位或环境中。而这个句子的语境是提醒他人去设想“到抗疫第一线去”体会“医护人员那种舍己救人的精神”，不是站在自己角度的设想，不能使用该词，显然是犯了望文生义的毛病，可改为“身临其境”。全句可改为：只要你身临其境，到抗疫第一线去，你就不能不为医护人员那种舍己救人的精神所感动。

【病例】

现在的日子并不太平，我除了要忙事业，还经常得在老婆和老妈之间左右逢源。

【诊断】

《孟子·离娄下》：“资之深，则取之左右逢其原（源）。”“左右逢源”原指做学问造诣深厚，就可以在需要时取之不尽，用之不竭；现泛指做事得心应手，非常顺利，还比喻处世圆滑。分析这句话的核心意思，是作者夹在两者之间调和关系，错用了“左右逢源”这个词，也是犯了望文生义的毛病，可将此词改为“左右调和”。全句可改为：现在的日子并不太平，我除了要忙事业，还经常得在老婆和老妈之间左右调和。

【病例】

刚下了夜班的刘医生突然接到护士打来的电话，说一个病人情况转危，她又立刻安步当车奔向医院。

【诊断】

《战国策·齐策四》：“晚食以当肉，安步以当车，无罪以当贵，清静贞正以自虞。”“安步当车”意指慢慢从容地步行，当作乘车一样，也指人能够安守清贫的生活。这个句子中，作者望文生义，将此词误解为“奔向医院以代替开车”，将“安步当车”直接删去即可。全句可改为：刚下了夜班的刘医生突然接到护士打来的电话，说一个病人情况转危，她又立刻奔向医院。

【病例】

新冠肺炎疫情反复来袭，这已经不是第一次出现全城封城、万人空巷的局面了。

【诊断】

宋代苏轼《八月十七复登望海楼》诗（其四）：“赖有明朝看潮在，万人空巷斗新妆。”“万人空巷”形容盛大集会或新奇的事物轰动一时的情景。分析这个句子的意思，作者实际是想表达街道无人的意思而误用了该词，仍是望文生义了，应将此词改为“空无一人”。全句可改为：新冠肺炎疫情反复来袭，这已经不是第一次出现全城封城、空无一人的局面了。

【病例】

舞池里，各色灯光快速变换，令人目不交睫，人们扭动身体，兴奋十足，沉醉其中。

【诊断】

汉代荀悦的《汉纪·汉文帝纪上》：“陛下在代时，太后尝病三年，陛下目不交睫，睡不解衣冠。”“目不交睫”原意指上下睫毛没有交接，没有合眼；形容不能合眼入睡，后来多形容心情不安而长夜不眠。而这个句子表达的意思是舞池灯光变化太快，使人看不过来，应将此词改为“目不暇接”。全句可改为：舞池里，各色灯光快速变换，令人目不暇接，人们扭动身体，兴奋十足，沉醉其中。

【病例】

有专家表示，稀土是现代工业中不可或缺的重要战略资源，各国在稀土问题上也是相互博弈，多次展开“稀土大战”，我国在以往吃过不少亏，必须厝火积薪、未雨绸缪，进行有效反击，对稀土进行战略储备，进一步保障我国的稀土资源安全。

【诊断】

汉代贾谊的《上疏陈政事》：“夫抱火厝之积薪之下而寝其上，火未及燃，因谓之安，方今之势，何以异此！”“厝”通“措”，放置的意思；“薪”是指柴草。“厝火积薪”原意是指把火放在柴草堆下面，比喻潜伏着极大危险。这个句子中，作者显然没有明白该成语的意思而误用了，或说是混用了与该词相近的其他成语，如“曲突徙薪”或“未焚徙薪”，这两个词均表示“防患于未然”，为此，应将“厝火积薪”改为“曲突徙薪”或“未焚徙薪”。全句可改为：有专家表示，稀土是现代工业中不可或缺的重要战略资源，各国在稀土问题上也是相互博弈，多次展开“稀土大战”，我国在以往吃过不少亏，必须曲突徙薪、未雨绸缪，进行有效反击，对稀土进行战略储备，进一步保障我国的稀土资源安全。

编辑应注意：望文生义的毛病，作者需要克服，编辑自身也需要克服。对容易望文生义的成语尤应准确记忆其正确意思，具体参见表6。

表6 易望文生义的成语

成语	释义	误用(×)
雅俗共赏	指某些文艺作品既优美，又通俗，各种文化程度的人都能够欣赏。	作品的雅俗。
不忍卒读	形容文章内容悲惨动人，感情上过不去，不忍心读完。	文章写得好或坏而不忍阅读。
求全责备	指对人对事苛求完美。	对人的责备。
感同身受	指感激的心情如同亲身蒙受恩惠一样。	有共鸣。
曾几何时	指时间没有过去多久。	在很久以前；不知道过去了多久。
差强人意	指勉强能使人满意。	差劲，不让人满意。
文不加点	形容文章一气呵成，无须修改。	写文章不加标点。
目无全牛	指人的技艺高超，得心应手。	无视整体情况，缺少整体性、系统性。
不以为意	指不在意，不放在心上，表示轻视。	不认为是这个意思。
不以为然	指不认为是对的，表示不同意，多含轻视之意。	不放在心上或不屑一顾。
不足为训	指不值得作为遵循或效仿的法则。	不值得作为教训。
不刊之论	指不可更改的言论。	不能刊登的文章。
具体而微	指内容大体具备而形状、规模较小。	事物具体而细小。
马革裹尸	形容军人战死沙场的无畏气概。	因生活贫困，死后下葬可怜。
对簿公堂	指法庭上受审。	告上法庭。

续表6

成语	释义	误用(×)
目光如炬	形容见识远大。	目光炯炯有神。
耿耿于怀	形容有心事而无法排解释怀。	对人怀恨在心。
空谷足音	比喻极难得的音信、言论或事物。	声音传播空旷;空谷传声。
身无长物	指除自身外再没有多余的东西,形容贫穷。	没有特长。
噤若寒蝉	形容不敢作声。	冷得不能出声。
形影相吊	形容孤单,只有和自己的身影相互慰问。	彼此关系好,常常相伴,形影不离。
久假不归	原指假借仁义的名义而不真正实行某事,后指长期借用而不归还;也比喻长期染上了坏习惯,不能改正。	长期休假。
侧目而视	斜着眼睛看,形容畏惧又愤恨的神情。	斜着眼睛看,瞧不起的样子。
师心自用	形容固执己见,自以为是。	善于学习借鉴师长的方法,为我所用。
望其项背	形容差距不大,赶得上或比得上。	赶不上或落在后面。
屠龙之技	无实用价值、徒有虚名的技术,含贬义。	高超、令人生羡的技艺。
功高不赏	比喻功劳大得无法加以赏赐。	有大功劳却不用奖赏。
独步天下	形容独一无二,无与伦比。	一个人走天下。
逢人说项	指到处为某人或某事说好话。	到处说人坏话。
功败垂成	失败于即将成功之时,有惋惜意。	成功与失败的分别。
鬼斧神工	形容建筑物、雕塑等技艺的精巧。	形容大自然浑然天成的景物。
国色天香	原赞美牡丹,后赞美美女。	所有花卉。

续表6

成语	释义	误用(×)
魂牵梦萦	形容思念情切。	与“梦寐以求”混淆。
济济一堂	形容许多有才能的人聚集在一起。	很多人在一起。
间不容发	比喻与灾祸相距极近或情势危急到极点。	形容距离小。
见异思迁	意志不坚定，喜好不专一。	选择时犹豫不定。
江河日下	比喻事物日趋衰落，情况一天天变坏。	水流一天天在减少。
九牛一毛	比喻极大数量中极微小的数量，强调微不足道、不值一提。	与“杯水车薪”(强调数量太少无济于事)混淆。
空穴来风	比喻消息和传说不是完全没有原因的。	凭空捏造，毫无根据。
旷日持久	比喻多费时日，拖得很久。	坚持很长时间。
萍水相逢	比喻不相识的人偶然相遇。	不期而遇。
期期艾艾	形容人口吃，说话不流利。	懦弱犹豫。
筚路蓝缕	指驾着简陋的柴车，穿着破烂的衣服去开辟山林道路，形容创业的艰苦。	衣衫破烂不整。
分庭抗礼	比喻双方平起平坐，实力相当，可以抗衡。	对抗。
糟糠之妻	指共过患难的妻子。	长得丑陋的或邋遢的妻子。
走马观花	比喻粗略地观察事物。	印象不深，和“浮光掠影”混淆。
上下其手	形容玩弄手法，颠倒是非。	频繁地动手。
大方之家	指懂得大道理的人，泛指见多识广、学问深厚的人。	出手阔绰的人。
登堂入室	比喻造诣高深的程度。	步入屋室。

续表6

成语	释义	误用(×)
细大不捐	形容所有东西兼收并蓄，常指收罗的东西很多而无遗漏；也形容包罗一切，不加选择。	什么都不捐献。
五风十雨	指五天刮次风，十天下场雨(五日一风，十日一雨)，形容风调雨顺。	又刮风又下雨，天气不好且恶劣。
振聋发聩	比喻用文学语言唤醒糊涂麻木的人。	声音很大。
置若罔闻	形容放在一边，好像没有听见，也形容听见了不予理睬。	不放在心上，置之度外。
下车伊始	指官吏刚到任所，现多比喻刚到工作的地方。	刚下车。
莫衷一是	比喻不能断定哪个对，哪个不对，意见分歧很大。	意见基本一致，倒向一方。
身体力行	指亲身体验，努力践行。	亲自前往；身体很好，力量够得上。
如履薄冰	像走在薄冰上一样，比喻行事极为谨慎，存有戒心。	存有危险。
良莠不齐	好人和坏人掺杂在一起。	各种不同层次的东西混杂在一起。
胸无城府	指人的胸中没有心机，形容坦率真诚。	缺少谋略，沉不住气。
三人成虎	指三人谣传有老虎，听者就会以为真有虎。比喻流言惑众，容易以假乱真，使人产生误会。	人多力量大。
惨淡经营	形容苦费心思谋划并从事某件事。	经营状况不好。

续表6

成语	释义	误用(×)
阳春白雪	泛指高雅而不通俗的文艺作品。与“下里巴人”相对。	春天的雪。
下里巴人	泛指通俗的普及的文学艺术。与“阳春白雪”相对。	乡下人。
不名一文	比喻连一文钱也没有，形容人贫穷到了极点。	不在任何一篇文章上署名；不出名，没有名声。
明日黄花	比喻迟暮不遇之意，后也比喻过时的或没有意义的事物。	未来之事。常被误作“昨日黄花”。
火中取栗	比喻被别人利用去干冒险的事，付出了代价却得不到好处。	冒着危险做事。
大快人心	指决议、举动、结果完全符合人心，使人们非常痛快。多用于坏人坏事受到惩罚、打击的场合。	高兴的事而感到痛快万分。
不胫而走	指没有腿却能跑，形容消息等传播迅速。	不翼而飞。
不可开交	形容无法摆脱或结束。	常因前面误加“打得”“忙得”而致错。
寻章摘句	指读书时只摘取漂亮词句，不做深入研究；也指写作时只堆砌现成的词句，缺乏创造性。	摘引书中的话语或相关材料。
屡试不爽	指经过多次试验都没有差错。	经过多次尝试都归于失败而心中不快。
万人空巷	指每家每户都从巷子里走出来而聚向一处，使街巷都空了。形容盛大集会或新奇事物把所有的人都吸引来的盛况。	大街上没有人。

续表6

成语	释义	误用(×)
木人石心	比喻为人正派，威不能屈，利不能诱。	蠢笨、迟钝。
涣然冰释	形容误会、疑虑、隔阂等完全消除。	雪消融。
舞文弄墨	原指歪曲法律条文，营私舞弊；后指玩弄文字技巧，耍笔杆子。含贬义。	文武双全之人。
洛阳纸贵	比喻著作有价值，广泛流传，风行一时。	纸比较贵。
不绝如缕	形容局面危急，或声音、气息等细微悠长，似断非断。	连续不断。
求田问舍	指到处谋求买田置屋，形容胸无大志，只知营私。	四处寻找住处。
善刀而藏	指把刀擦干净，收藏起来。比喻行事适可而止，善于收敛自己。	喜欢收藏刀具。
白头如新	指相识已久，还同刚认识的一样，形容感情不深。	感情一直如同开始时那样好；形容人年轻。
七月流火	指农历七月，大火星西行，夏去秋来，天气转凉。	七月骄阳似火，天气炎热。
不学无术	原指没有学问因而没有办法；现指没有学问，没有本领。	不学好。不能在其前加“整天”“整月”等修饰词。
首鼠两端	形容迟疑不决或动摇不定。	行为前后不一致。
石破天惊	原形容箜篌的声音出人意料，有难以形容的奇境；后多比喻文章新奇惊人。	自然力量之大。

续表6

成语	释义	误用(×)
相敬如宾	指夫妻相敬相爱,与“举案齐眉”意思相近。	误用于母女、婆媳等其他家庭成员之间。
危言危行	指的是讲正直的话,做正直的事。	害怕发表言论,不敢说话;危险的言论和行为。
罪不容诛	罪大恶极,处死都不能抵偿。	罪行还没有达到被杀的程度。
不负众望	不辜负众人的期望。	不能使人信任。
不孚众望	不能使大家信服,含贬义。	没有辜负众人期望。
豆蔻年华	十三四岁的女子。	所有少女。
破镜重圆	比喻夫妻分离后又团聚。	其他破散后又恢复的关系。
功亏一篑	比喻做事只差一点而未完成,含惋惜意。	以前的功劳全部废弃,努力完全落空。
巧言令色	比喻用花言巧语和谄媚的面目讨好他人,含贬义。	表情丰富,会说话,会表达。
积重难返	比喻积习深重,多指长期形成的恶习或弊端难以改变。	积累了重要的工作而难以承受。
苦心孤诣	形容尽心竭力钻研,达到了别人达不到的成就;也形容为了达到目的费尽心思。	煞费苦心讲道理。
高屋建瓴	形容居高临下、不可阻挡的气势。	房屋高大雄伟。
美轮美奂	房屋高大美观,富丽堂皇;也形容装饰、布置漂亮。	所有美好事物。
炙手可热	指手一挨近,就感到热,形容气焰嚣张,权势很大,含贬义。	“吃香”的事;畅销。
侃侃而谈	形容说话理直气壮,从容不迫。	说话头头是道,滔滔不绝。
不可收拾	不可挽回,无可救药。	与“一发而不可收拾”(发生的气势难以控制)混淆。

续表6

成语	释义	误用(×)
不可理喻	不能用道理使之明白，形容愚昧无知或态度蛮横。	不可理解。
不瘟不火	表演既不沉闷也不过火，刚刚好；也形容演员演技好。含褒义。	事物的状态温吞；态度不冷不热；产品销售不够火爆。
沧海桑田	事物变化很大。	大海和农田。
参差不齐	长短、高低、大小、水平等不一致。	时间不等。
处心积虑	千方百计地算计，含贬义。	用尽精力，费尽心思，同“殚精竭虑”(含褒义)混淆。
蠢蠢欲动	指敌人准备进攻或坏人策划破坏活动等，含贬义。	与“跃跃欲试”混淆。
粗茶淡饭	指生活简朴或用于自谦饭菜简单。	生活不好或贫困。
汗牛充栋	形容书籍多。	其他事物多。
耳闻目睹	亲眼看见并亲耳听见。	与“耳濡目染”混淆。
呼之欲出	形容人像画得逼真，似乎呼唤一声就能从画里走出来，泛指文学作品中的人物描写生动；也形容某事即将揭晓或出现。	事物快要萌芽又尚未萌芽的样子，如花“欲开不开”。
翻云覆雨	指反复无常玩弄手段。	很有气势。
风声鹤唳	形容惊慌恐惧，自相惊扰。	气氛悲惨恐怖，战斗激烈。
凤毛麟角	稀少而可贵的人或事，含褒义。	极其稀少。
改弦更张	比喻改革制度或变更方法。	一切改变。
巧夺天工	形容精巧的人工胜过天然，也形容技艺精巧。	浑然天成的景色。
三长两短	指意外的灾祸或事故，也特指死亡，程度很重。	泛指意外情况。
深居简出	指常待在家里，很少出门。	长时间待在家里，简简单单收拾后出门。

续表6

成语	释义	误用(×)
石破天惊	比喻文章或议论新奇惊人。	惊人的消息或变化。
水落石出	比喻事情真相大白。	追求正确答案或道理。
首屈一指	表示居首位。	为数不多，与“屈指可数”混淆。
弹冠相庆	比喻一个人做了官，其他人互相庆贺，将有官可做；后指坏人得意的样子。含贬义。	互相庆贺。
投桃报李	报答他人的恩遇。	报复。
望尘莫及	比喻远远地落在后面。	力量达不到，与“鞭长莫及”混淆。
无可厚非	不可以过分指责。	没有什么可以批评指责的，与“无可非议”混淆。
无所不为	没有不干的事情，指什么坏事都干。	什么事情都敢做。
无微不至	形容关怀、照顾得非常细心周到。	细致。
心悦诚服	表示真心实意地服从或佩服。	心情舒畅愉悦。
休戚相关	忧喜福祸相关联。	彼此的关系非常密切，与“息息相关”混淆。
休戚与共	同甘共苦。	与“休戚相关”“息息相关”混淆。
虚与委蛇	对人虚情假意，敷衍应付。	巧妙应变或细述委曲。
一蹴而就	踏出一步就能成功，形容事情轻而易举，一下子就能完成。	与“一气呵成”混淆。
一言九鼎	形容一句话能起到重大作用，形容说话有分量。	守信用。
亦步亦趋	比喻自己没有主张，或为了讨好他人，事事都顺从他人，跟着他人的步伐走，含贬义。	追随，跟随。

续表6

成语	释义	误用(×)
语重心长	言辞诚恳,情意深长。	话语含蓄,与“意味深长”混淆。
置之度外	不把生死、利害等放在心上。	与“置之不理”混淆。
捉襟见肘	本指衣服破烂,后比喻困难重重,应付不过来。	衣服不合身。
走投无路	比喻处境极其困难,找不到出路。	没有路可以走。

五、近义词误用

近义词是指意义相近的词。近义词的辨析应坚持“同中求异”的原则。

有些近义词的细微差别表现在词义的轻重不同；有些近义词词义涵盖的范围大小不同；有些近义词所表示的概念相同，但适用对象不同，有内外、上下之分；有些近义词词义体现出的庄重和诙谐、敬谦和讽刺、委婉和直白以及文、白、雅、俗等不同色彩，虽然意义相同或相近，但各自适用于不同场合；有些近义词词义附带的感情色彩倾向、情调不同；有些近义词基本义相同，但搭配有别，不能混用；有些近义词的差别表现在句法功能上不同；有些近义词词义侧重点不同；有些近义词表示的动作行为的施事者与受事者不同；有些近义词适用的整体概念与个体概念有别。近义词误用，具体而言，有以下几种类型:

(一) 词义轻重不同

【病例】

祁连山，一条诗意绵绵的山脉，既有终年不化的冰川，又素有“万宝山”之称，蕴藏着种类繁多、品质优良的矿藏，这实在是一件令人啧啧称道的事。

【诊断】

“称道”是指称述、称赞，并且没有“啧啧称道”的用法；“称奇”是指称赞奇妙，“啧啧称奇”是固定用法、惯用语。“称奇”比“称道”语义也要重，为此，此处应改“称道”为“称奇”。全句可改为：祁连山，一条诗意绵绵的山脉，既有终年不化的冰川，又素有“万宝山”之称，蕴藏着种类繁多、品质优良的矿藏，这实在是一件令人啧啧称奇的事。

（二）范围大小不同

【病例】

正幸福，不在过去，也不在未来，而在当下。过好每一天，品尝幸福滋味。让这些细小的幸福陪伴身边，如影随形。

【诊断】

“细小”强调又细又小，多用于具体事物，适用范围较窄，而“幸福”属于抽象事物，显然不适合用该词。“微小”指体积小或程度轻，既可形容具体事物，也可形容抽象事物，适用范围较宽。为此，此处应改“细小”为“微小”。全句应改为：正幸福，不在过去，也不在未来，而在当下。过好每一天，品尝幸福滋味。让这些微小的幸福陪伴身边，如影随形。

（三）适用对象不同

【病例】

2005年1月1日，联合国世界粮食计划署正式宣布停止对华粮食援助，这标志着中国26年来接受粮食馈赠的历史画上了句号。

【诊断】

“馈赠”是指赠送（礼品），不宜用在国际机构对国家的行为上；“捐赠”是指捐献赠送（物品给国家或集体）。为此，此处应将“馈赠”改为“捐赠”。全句可改为：2005年1月1日，联合国世界粮食计划署正式宣布停止对华粮食援助，这标志着中国26年来接受粮食捐赠的历史画上了句号。

（四）语体色彩不同

【病例】

帕金森病是常见的中老年神经系统疾病，据报道，拳王阿里就患有本病。

【诊断】

“本”通常是站在自己角度来说有关自己的事，多用于口语，此处显然是在说别人的事，无关自己，用“本”不妥；“该”是一个指示词，通常是指上文说过的话或提到的人或事物。为此，此处应改“本”为“该”，以使语体色彩恰当。全句可改为：帕金森病是常见的中老年神经系统疾病，据报道，拳王阿里就患有该病。

（五）感情色彩不同

【病例】

在改革开放的新形势下，我们要坚持从实际情况出发，探索出固有的而不是编造的规律。

【诊断】

“编造”有两个意思：一是指把资料组织排列起来（多指报表等）；二是指凭想象创造（故事），是个中性词。显然这两种意思都不符合句子的意思，属于误用。“臆造”是指凭主观的想法编造，含有一定贬义。这个句子中，明显末尾要用带有贬义色彩的词语才能符合表达效果，为此，应改“编造”为“臆造”。全句可改为：在改革开放的新形势下，我们要坚持从实际情况出发，探索出固有的而不是臆造的规律。

（六）搭配关系不同

【病例】

上海基本公共服务实施标准升级为2021年版，将囊括95个项目。

【诊断】

“囊括”是指把全部包括在内，如“这个田径队囊括了田赛的全部冠军”，用于“项目”显然不搭配；“涵盖”是指包括，如：“这个作品题材广，涵盖了不少领域。”分析这个句子的意思，从搭配关系来看，“项目”也应和“涵盖”搭配，为此，应改“囊括”为“涵盖”。全句可改为：上海基本公共服务实施标准升级为2021年版，将涵盖95个项目。

（七）语法功能不同

【病例】

从一些后世的文学作品中，我们了解到，蒲松龄过的是清寒士子的生活，他兼理家务，可得温饱，进而他可以专心著书。

【诊断】

“进而”是个连词，指“而后”，表示在已有的基础上进一步，如：“先想好办法，进而行动。”侧重于继续往前，更进一步，表示递进。“从而”也是个连词，是指上文是原因、方法等，下文是结果、目的等。分析这个句子的意思，“蒲松龄”正因“兼理家务，可得温饱”，方而可以“专心著书”，应表达的是因果关系，为此，表示递进的“进而”用在此处不妥，语法功能有误，应改为“从而”。全句可改为：从一些后世的文学作品中，我们了解到，蒲松龄过的是清寒士子的生活，他兼理家务，可得温饱，从而他可以专心著书。

（八）词义侧重不同

【病例】

在隔壁没有窗户的狭小空间内，警察开始对犯罪嫌疑人的作案疑点进行鉴别。

【诊断】

“鉴别”是指辨别（真假好坏），如“鉴别真伪”“鉴别古画”；“甄别”是指审查鉴定。“鉴别”侧重于特定物品的鉴别，带有专业性特点；“甄别”不仅可以用于物品的鉴别，还可用于人的鉴定，并侧重带有一定技术手段。公安机关对案件的侦查行为适合用“甄别”，应改“鉴别”为“甄别”。全句可改为：在隔壁没有窗户的狭小空间内，警察开始对犯罪嫌疑人的作案疑点进行甄别。

（九）主动和被动不同

【病例】

那段火红的激情岁月，不应被人们淡去。

【诊断】

“淡去”是事物本身呈现的一种过程和状态，而该句说的这个事件“被如何”，显然这个用词是将主动和被动的语义混淆了。“淡忘”是指印象逐渐淡漠以至于忘记，是人们主动的一种状态，强调人们主动去遗忘，用在此处才是合适的。为此，应改“淡去”为“淡忘”。全句可改为：那段火红的激情岁月，不应被人们淡忘。

编辑应注意：要准确区分“淡忘”“淡去”的主动和被动的不同语义。为再次准确区分，造这样一个句子，以便再次体会：“虽然那段火红的激情岁月在历史长河中淡去，但不应被人们淡忘。”

（十）整体概念与个体概念不同

【病例】

90岁的美国超模，是世界T台上最年长的模特，她白发苍苍，但身材高挑，身上仍有时髦的风尚，被称为真正的“冻龄女神”。

【诊断】

“风尚”是指在一定时期社会上流行的风气和习惯，如“社会风尚”“时代风尚”。此处说“她身上有”，显然是个人具备的东西，是个体概念，而不是社会上群体具备的东西，为此，属于误用整体概念。“风范”是指风度、气派，适合指个人，应改“风尚”为“风范”。全句可改为：90岁的美国超模，是世界T台上最年长的模特，她白发苍苍，但身材高挑，身上仍有时髦的风范，被称为真正的“冻龄女神”。

六、同音词(音近词)误用

同音词（音近词）误用情况较为普遍。这种情况主要体现在两个词形体相似，如双音节同音词中的某一个语素因意义相近而误用。对这类语病纠错的最好方法是，对词语进行深度辨析，主要是从词性、词义以及语体色彩等多个方面进行考虑。

【病例】

越来越多的文艺工作者开始关照现实，创作出了一批群众喜闻乐见的优秀文艺作品。

【诊断】

“关照”有“关心照顾”“照应”“口头通知”三个意思。而“观照”原为美学术语，现指仔细观察和审视。分析这个句子发现，“关照”的三个意思都不符合句意，为音近词的误用，应改为“观照”。全句可改为：越来越多的文艺工作者开始观照现实，创作出了一批群众喜闻乐见的优秀文艺作品。

【病例】

这篇报道歪曲事实，丧失了作为一名新闻从业者的良知和职业底线，为人所不耻。

【诊断】

“不耻”指“不以为耻”，如“不耻下问”，是中性词。而“不齿”是指“不与同列”，不认为是同类，含贬义，甚至含鄙视义。这个句子中的“不耻”显然是误用了，应为“不齿”。全句可改为：这篇报道歪曲事实，丧失了作为一名新闻从业者的良知和职业底线，为人所不齿。

【病例】

他从小生活在农村，过着数十年如一日的简朴生活。

【诊断】

“简朴”指文笔、语言、生活作风等简单朴素，不奢华，并非简陋和贫困的意思。“俭朴”则指俭省朴素，即节俭不浪费，在钱、物等方面节制、节约。应将二者的意思区分开，“简朴”应改为“俭朴”。全句可改为：他从小生活在农村，过着数十年如一日的俭朴生活。

【病例】

她不止是学校的音乐老师，还在少年宫担任合唱团老师。

【诊断】

“不止”意思是超出（某个数量或范围）或不停止，是个动词。“不只”相当于“不但、不仅”，是个连词，用于递进复句中，后面要有与之相呼应的连词。这个句子中的“不止”应改为“不只”。全句可改为：她不只是学校的音乐老师，还在少年宫担任合唱团老师。

【病例】

当庭审判后，这名贪污犯表示认罪伏法，不再上诉，承诺洗心革面，重新做人。

【诊断】

“伏法”指犯罪分子被执行死刑，而“服法”指犯罪分子服从判决。根据这个句子的意思，这名贪污犯承诺洗心革面，说明罪不至死，“伏法”应改为“服法”。全句可改为：当庭审判后，这名贪污犯表示认罪服法，不再上诉，承诺洗心革面，重新做人。

【病例】

随着“生态优先、绿色发展”的理念不断深入人心，生态重建区、生态经济林园区等加速成型。

【诊断】

“成型”宜写作“成形”。提到某种事物或某项工作有了某种状态，宜使用“成形”。全句应改为：随着“生态优先、绿色发展”的理念不断深入人心，生态重建区、生态经济林园区等加速成形。

【病例】

每年清明时节，各大公墓园区扫墓的人便多了起来，人们带着贡品、花束，前来祭奠逝去的亲人，寄托哀思。

【诊断】

“贡品”是指古代臣民或属国献给帝王的物品。“供品”则是指供奉神佛、祖宗的瓜果酒食等。而这个句子中的“贡品”为音近词的错用，显然应改为“供品”。全句可改为：每年清明时节，各大公墓园区扫墓的人便多了起来，人们带着供品、花束，前来祭奠逝去的亲人，寄托哀思。

编辑应注意：词语因其读音的相同、相似，字形本身的接近、形似等，使编校之路充满着种种“陷阱”。将这些同音（音近）词单独列出进行辨析时，大多数编辑会对它们有一个相对清醒的认识，但不可否认的是，遴选出来的，一目了然，差异毕现，而若将其置于浩瀚的语句篇章中，可能就不那么容易识别了。故而需要编辑在编校过程中，除了具备火眼金睛的能力外，还需要在平日的阅读中养成良好习惯，即要多维度怀疑，多角度考证，多方面思辨，这样才能使更多的差错无所遁形。定其音，辨其形，明其义，三要素完备，才能对词句有一个相对透彻、全面的把握，从而形成甄别合力，全面提升编校水平。

七、生造词

所谓生造词，即指新造出来的词语。往往是凭空而造，或多为拼凑、混合、抽换词素而成，有的是对定型词语的随意缩略和对近义词语的随意杂糅，有的则是因对规范词语的不熟悉而临时杜撰的，以致语义含糊不清，句子表达也模棱两可。

目前由这种问题造成的语病，在大量的审稿工作中不容小觑。例如："疏薄"（稀疏且薄）、"体惦"（体贴惦记）、"生救"（生产自救）、"狡奸"（狡猾奸诈）等，这些都属于生造词。这些生造词语通常而言，并非语言表达的客观需要，纯粹属于个人的一种标新立异，是一种不值得提倡的语言表达习惯。

【病例】

这些房产大佬们，懊恼于痛失了房地产飙涨前的良机。

【诊断】

"飙涨"属于生造词，汉语中没有这个词，只有"猛涨""狂涨"，这种造词情况不可取。全句可改为：这些房产大佬们，懊恼于痛失了房地产猛涨前的良机。

【病例】

作为一名共产党员，他一直严格要求自己，在工作岗位上兢兢业业，不敢有丝毫松怠。

【诊断】

"松怠"属于生造词，汉语中没有这个词，很明显，属于"松懈"和"懈怠"混合词素后的造词，应改为"松懈"或"懈怠"。全句可改为：作为一名共产党员，他一直严格要求自己，在工作岗位上兢兢业业，不敢有丝毫懈怠。

【病例】

经过编辑部反复几轮茁拔，最终入选这套文史研究文丛的作品都堪称精品。

【诊断】

“茁拔”属于生造词，汉语中没有这个词。较为明显的是，作者想用这个生造词极力表达在这些作品中精心选拔的意思，但切忌凭空捏造、标新立异，将该词改为“筛选”即可。全句可改为：经过编辑部反复几轮筛选，最终入选这套文史研究文丛的作品都堪称精品。

【病例】

虞美人既是观赏花卉又是药材，它的花瓣柔软轻薄，风一吹过，它们宛若害羞的少女，显得袅袅婵婵的。

【诊断】

“袅袅婵婵”属于生造词，汉语中没有这个词。从句意分析，作者想要表达的意思是虞美人的花瓣柔软轻薄，风一吹过，更显出它的姿态优美。为体现这种意思，汉语中有“袅娜”可以表达，为此，应将“袅袅婵婵”改为“袅袅娜娜”。全句可改为：虞美人既是观赏花卉又是药材，它的花瓣柔软轻薄，风一吹过，它们宛若害羞的少女，显得袅袅娜娜的。

八、生造离合词

离合词从概念上看，因为它表达了一个较为固定完整的概念，应该看成词。用法上，常作为一个词使用，即可以两个字挨着出现（所谓的“合”式），也可以拆分出现（所谓的“离”式）。也就是说，合拢的时候是词，分离的时候是词组。比如：“革命”就是离合词。作为“合”式时，常说“革命”；作为“离”式时，可以说“革资产阶级的命”“革旧社会的命”。

以上都是针对离合词而言的，而如果把一个不能离合使用的词硬生生分开使用，则势必造成语病。

【病例】

高校的行政职能部门要为全校师生服好务。

【诊断】

“服务”不是离合词，而这里的“服好务”，是将“服务”这个词拆开使用了，误将该词作了离合词使用造成语病。全句可改为：高校的行政职能部门要为全校师生服务好。

【病例】

生产技术部门因为革了好几个新，超额完成今年的目标任务。

【诊断】

“革了好几个新”这个说法相当别扭。说话的人也是把“革新”当成了一个离合词，所以把它分开说了，但这个说法不成立。“革了好几个新”应改为“多次革新工艺”。全句可改为：生产技术部门因为多次革新工艺，超额完成今年的目标任务。

编辑应注意：汉语中只有少量的词语是离合词，可以离合使用；而大量的词语是不能离合使用的，比如“导航、抱歉、兴奋、修辞、从事、听力、改善、企图、得罪”等。这类词应在平时的工作中多研判，多积累。

链接 12

离合词小议

“见面、吃饭、聊天、道歉、操心、避险、理发、受苦”均是离合词。如：

见面——见了个面、吃饭——吃了个饭

聊天——聊了个天、道歉——道了个歉

操心——操碎了心、避嫌——避那个嫌

理发—— 理个短发、受苦——受了一辈子苦

从这些词的特征中明显可以发现，凡是中间可以插入一个独

立的语言成分的词，即为离合词。

一般情况下，离合词均属于动词类别，主要包括以下三类：

第一类，述宾式动词，如："洗澡、操心、散步、毕业、鞠躬、道歉"等；

第二类，动结式动词，如："碰见、打断、抓紧、达到"等；

第三类，动趋式动词，如："下去、指出、分开、出来、起来"等。

这三类词中，均是在中间插入了一个独立的语言成分（如："得、了、着、过、不"、趋向动词、结果补语、量词等），都是离合词。

具体而言，如："洗澡"的"洗"后面可以加上一个独立的语言成分"了""着""过"，就变成"洗了澡""洗着澡""洗过澡"；也可以加上结果补语变成"洗好了澡"；还可以加上趋向动词变成"洗起澡来了"。"澡"的前面也可以加上名词变成"洗热水澡"，也可以加上数量词变成"晚上洗一个澡"。因此，"洗澡"就是一个离合词。

离合词大多是支配式的双音节的复合词，即前面是动词语素，后面是名词语素，再如："还嘴、返航、喘气、搬家"等。

九、动词不当变异

在一些特殊的，如"代词+动词+代词+的+名词"的格式句式中，是有一定要求的。要求其中的动词或动词短语的结构方式必须是动宾式，即构词或构成短语的两个成分之间必须是"动词+宾语"的关系。如果不是动宾式，违反了这一规律，却采用了相类似的变异格式，则会造成动词不当变异的语病。

【病例】

你们调你们的控，他涨他的价。

【诊断】

“你们调你们的控”，很显然，汉语里没有这种说法。“代词+动词+代词+的+名词”这样的对举句式常用来表达说话人表述的两种事物的对立局面。但这类格式是有特殊要求的，要求其中的动词或动词短语必须是动宾式。这个句子中的后半句“他涨他的价”是可以说的，因为“涨价”是动宾式；但“调控”不是动宾式动词，是联合式动词，所以不能说“你们调你们的控”。这个句子只能勉强改为：你们调控你们的，他涨他的价。但这样改的效果就是两个分句的对举呼应只能被打破了。

【病例】

这个二人转演员不论演什么出，都只会演那一个段子。

【诊断】

“演什么出”也是联合式动词的不当变异形式，联合式动词没有这种用法，应改为“在哪里演出”。全句可改为：这个二人转演员不论在哪里演出，都只会演那一个段子。

编辑应注意：动宾式动词或短语在口语中常常使用类似的变异格式，例如：“你干你的事，哪来那么多话?”“你就安安心心地吃你的饭，别担心了。”这种用法是可以的。

链接 13

复合词小议

复合词是指由词根和词根构成的词。复合词作为一个词，一般而言，内部不能扩展，只有离合词才可以扩展。但复合词作为短语一般都可以扩展。

复合词大致分为五种类型：动宾式（支配式）、联合式、主谓式（陈述式）、偏正式、动补式。

动宾式复合词是指由前面表示行为动作的词根支配后面表示

关涉事物的词根形成的词。简言之，即指两个词根之间是支配与被支配关系的复合词。如：“涨价、盗版、知己、担心、播音、观光、从事、吃力、理事、示威、负责、得罪、剪彩、冒险、带头、动员、接力”等。

联合式复合词是指由两个意义相同、相近、相关或相反的词根并列组合而成的词。构成联合式各部分之间的词是平等并列的关系，没有主次之分。如：“调控、保护、思想、江山、制造、计算、细软、质量、血汗、声音、岁月、根本、周全、完整、开关、喜欢、横竖、休息、艰难、头绪、禽兽、动静、得失、领袖、城市、眉目、心肠、骨肉”等。

主谓式复合词是指前一词根表示被陈述对象，后一词根是陈述前一词根的，即两个词根之间是陈述与被陈述的关系，如：“目击、肉麻、胆怯、地震、霜降、性急、肩负、事变、日食、胃下垂”等。

偏正式复合词是指由前一词根修饰、限制后一词根形成的词。如：“烤鸭、书包、绿豆、午餐、晚会、汉语、长跑、狂欢、签名、导师、广场、蜂拥、草图、朗读、牛皮纸、毛毛雨”等。

动补式复合词是指由后面一词根作为一种结果状态补充、说明前一词根形成的词。如：“弄清、放大、说明、缩小、推动、改正、提高、压缩、花朵、梅花、松树、泪汪汪、白茫茫”等。

第五讲

虚词使用不当

虚词泛指没有完整意义但具有语法意义或功能的词。虚词具有必须依附于实词或相关语句、表示语法意义、不能单独成句、不能单独作语法成分、不能重叠的特点。

语序和虚词，都是汉语重要的语法手段。汉语的虚词一般意义比较抽象，不能单独回答问题，并且数量不多，但它在句子中起着连接和搭桥的作用，而且使用频繁。正确使用虚词，对确切地表达句子的思想内容、使句子的组织结构严密、增加语言的表达效果等都有很大的帮助。与主、谓、宾相比，虚词似乎微不足道，出现错误也常常被忽视；但虚词使用错误容易导致语法错误，还是应当引起足够重视。虚词使用的失误，主要有下面几种类型：

一、副词使用不当

副词是指从程度、范围、时间、语气等方面对动词、形容词起修饰、限制或补充作用的虚词。如："只、都、很、更、越、最、也、又、还、不、再、没、却、忽然、难道、再三、刚才、屡次、非常、竟然、居然”等。

副词使用不当主要体现在词性误用、多余、位置不当、混用、苟简等方面。另外，使用多重否定可以加强句子语气，双重否定表示肯定，三重否定仍表示否定，但如果不注意，多重否定句中也容易出现副词使用不当的语病。对于这一点，将在“第十一讲　不合逻辑”中的“否定失当”中介绍，本讲不再赘述。

（一）副词误用

【病例】

天气变得暖和了，柳树常常发芽。

【诊断】

副词“常常”是表示频率的，而在这个句子中使用不当。柳树“发芽”的过程不是“常常”，而是“渐渐”或“逐渐”的过程。全句可改为：天气变得暖和了，柳树渐渐发芽了。或改为：天气变得暖和了，柳树逐渐发芽了。

【病例】

随着医学的进步，人们越来越认识到劳与逸、运动与休息本是一对矛盾，只有二者处于相对平衡的状态，生命才能保持活力。

【诊断】

“本”是副词，指本来、原来。这个句子中，当读到“……劳与逸、运动与休息本是一对矛盾”时，往往应引发下文，讲后来怎样，但本句并没有表示“本来……后来……”的意思，因此，应将“本”删去或改为其他副词，如“向来”“一直”“始终”等，以表示强调。全句可改为：随着医学的进步，人们越来越认识到劳与逸、运动与休息向来是一对矛盾，只有二者处于相对平衡的状态，生命才能保持活力。

【病例】

母亲的去世给了她一个忽然的打击。

【诊断】

“忽然的打击”，这种说法显然不妥。“忽然”是副词，不可以作定语，这里显然是误当为形容词“突然”使用了，应将“忽然”改为“突然”。全句可改为：母亲的去世给了她一个突然的打击。

链接 14

既作形容词又作副词的同音词小议

汉语中一些词语同音同形，既作形容词，又作副词；但这种词在不同的语境下以不同的词性出现时，意义是完全不同的。

如：“白、好、硬、直、光”。

作形容词时，如：“雪很白/心地好/砖头很硬/尺子很直/光头”。

作副词时，如：“白折腾了一回/好热闹/她硬不同意/病人直呻唤/光说不做”。

从以上例子可以看出，这些词读音相同，但语法功能不同，且在意义上完全没有关联，它们根本就是表示两个不同意义的词，我们把这类词叫作同音词，实质上就是指两个写法和读音相同而意义不同的词语。

这类词不是一个词兼数两类，所以并不是兼类词。兼类词是指意义相同或相关联但是具有不同词类特性的词。

简言之，同音词，意义不同，语法功能不同；兼类词，意义相同或关联，词性不同。为此，要注意区分同音词和兼类词。

【病例】

大学期间可以勤工俭学，我做过一度家教。

【诊断】

“一度”是副词，表示过去有段时间发生过一次，意思与“一次”接近。“一次”是名词，可用在动词后面；而“一度”是副词，用在动词之前，修饰动词。这个句子中，将“一度”用在“家教”前面，可以看得出来，是将该词作为“家教”的修饰语了，并误当名词“一次”使用了。全句可改为：大学期间可以勤工俭学，我一度做过家教。

【病例】

父亲去世后，家里的光景一天不如一天，他深知即将的求学之路很难继续。

【诊断】

“即将”是时间副词，不能作定语，应改为一个意思接近的并可以作定语的时间名词，如“将来”。全句可改为：父亲去世后，家里的光景一天不如一天，他深知将来的求学之路很难继续。

【病例】

预先的想法应该有纰漏，才会发生意想不到的局面。

【诊断】

“预先”是时间副词，不能作定语，应改为一个意思接近的并可以作定语的时间名词，如“原先”。全句可改为：原先的想法应该有纰漏，才会发生意想不到的局面。

编辑应注意：副词只能作状语，不能作定语。而时间名词，以上述两例中的“将来”和“原先”来说：可以作定语，如“将来的日子”“原先的方案”；可以作主语，如“将来会很好”“原先也不差”；也可以作宾语，如“对将来”“在原先”；还可以在后面加“的”构成“的”字结构，如“将来的”“原先的”。由于时间副词和时间名词都能表示时间，都可以修饰动词（如“原先设想”“预先设想”），故容易混淆，在具体的审稿工作中应注意区分。

链接 15

时间词、方位词和处所词小议

时间词、方位词和处所词，是名词的三个特殊小类。这三类词都有名词的通常特点，可以跟介词构成介词结构，如：“在未来”“在兰州”“在左边”；但它们还有与一般名词的区别之处，就是经常修饰动词。

1.时间词

时间词是指能表示时间，能作“到”“等到”或“在”的宾语的词。如：“从前、古代、明天、平常、现在、下礼拜、国庆节、清朝”等词，它们都能作“到”“等到”或“在”的宾语，故称时间词。

但是，表示时间的词未必都是时间词，如时间副词“已经、起初、随时”等，虽然也表示时间，但是不能作“到”“等到”或“在”的宾语，它们就不是时间词。

2.方位词

方位词一般是指附着在其他名词后面，表示处所的词。单纯方位词，如：“上、下、左、右、前、后、里、外、东、西、南、北、中、内”等。在单纯方位词的后面加“面”“边”“头”，如：“上面”“上边”“上头”；或者在其前面加“以”“之”，如：“以上”“之上”，又可以构成合成方位词。

此外，单纯方位词还可以相互组合，如：“西南”“东北”，可以形成特殊方位词。“面”“边”“头”和其他语素组合，如：“前面”“那边”“这头”，也可以形成特殊方位词。

3.处所词

处所词是指表示处所的名词和表示地名、机构的名词。如：“敦煌、近郊、远方、周边、暗处、美洲、故宫、中国、超市”等。

值得指出的是，处所词和方位词的语法特点基本相同。它们都能作“在”“到”的宾语，都可以置入“到……去”的句式中使用。

（二）副词多余

【病例】

隔壁房子里仍然不断地传来哭声。

【诊断】

“仍然”和“不断”是表示频率的副词，都有“经常”的意思，这里显然重复使用了，应保留一个，删去一个。全句可改为：隔壁房子里仍然传来哭声。或改为：隔壁房子里不断地传来哭声。

【病例】

除丰富的城市资源、优质的宜居环境外，还需要很大量的精品人居现房来为城市吸引人气。

【诊断】

这个句子中，副词“很”放在形容词“大量”之前不妥，因为“大量”已含有“数量很多”的意思，其前面不必再加“很”修饰，应删去。全句可改为：除丰富的城市资源、优质的宜居环境外，还需要大量的精品人居现房来为城市吸引人气。

【病例】

前进的道路上还会遇到各种艰难险阻，必须得继续砥砺奋进克服一切困难。

【诊断】

副词“必须”和“得”意思差不多，只是一个用于书面语，一个用于口语。这个句子中，显然也没有必要重复使用，应二者择一。全句可改为：前进的道路上还会遇到各种艰难险阻，必须继续砥砺奋进克服一切困难。或改为：前进的道路上还会遇到各种艰难险阻，得继续砥砺奋进克服一切困难。

【病例】

这个藏族老阿妈的脸色非常黝黑，笑容很慈祥。

【诊断】

“非常黝黑”是一个非常规用法。“黝黑”是由单音节词的性质形容词

“黑”前面加上一个表示程度的语素“黝”构成的。这类形容词还有不少，如“翠绿、嫩黄、铁青、喷香”等，它们都叫作状态形容词。可以很明显地看出，状态形容词本身已包含表示附加意义的语素，用于表示程度较高的意思，故该词前面不能再被表示程度的副词“非常”等来修饰，应删去“非常”。全句应改为：这个藏族老阿妈的脸色黝黑，笑容很慈祥。

【病例】

我喜欢喝奶茶，那种很滑溜溜的口感，味道真不错。

【诊断】

“很滑溜溜”的说法也是错误的。“滑溜溜”已是一个状态形容词，是由单音节的性质形容词“滑”后面加两个重叠的后缀“溜溜”构成，来说明“滑”的程度。状态形容词前面不能再被表示程度的副词“很”来修饰，应删去。全句应改为：我喜欢喝奶茶，那种滑溜溜的口感，味道真不错。

编辑应注意：这样的状态词还有很多，如“热腾腾、亮晶晶、湿漉漉、恶狠狠、懒洋洋、胖乎乎、乱糟糟”等，均不能再由程度副词修饰。

【病例】

一早醒来，窗外的雾霾很严重，这种极其雾蒙蒙的天气让人很不舒服。

【诊断】

“极其雾蒙蒙”的说法造成这个句子的语病。“雾蒙蒙”是由单音节名词加重叠后缀构成的状态形容词，这类词再如“黄澄澄、泪汪汪、血淋淋、毛茸茸、病歪歪”等。状态形容词前面不能再被表示程度的副词“极其”来修饰，应删去。全句应改为：一早醒来，窗外的雾霾很严重，这种雾蒙蒙的天气让人很不舒服。

编辑应注意：汉语中的形容词分为状态形容词和性质形容词两类。状态形容词是表示事物状态的形容词，如“笔直、火热、冰凉、高耸”等，不能受否定副词“不”及程度副词“很”的修饰。性质形容词是表示事物属性和特点的形容词，如“新、旧、好、坏、大、小、美好、干净、重要、热闹”等，能受否定副词“不”及程度副词“很”的修饰。

【病例】

新配的这副眼镜真不赖，戴上后极不模糊。

【诊断】

“极”若是用在“不”的前面表示极端否定，后面的形容词或动词一定要是积极意义的，而且多数都是双音节的，如“极不正常”；单音节的只限于个别几个形容词，如“准、好、稳”等。根据这个句子的意思分析，作者想要表达的意思是新配的眼镜很好，戴上后视线清晰，应将“极不模糊”改为“极其清楚”。全句可改为：新配的这副眼镜真不赖，戴上后极其清楚。

链接 16

副词“极”与“极其”的区别

副词“极”，表示达到最高程度，通常用于单音节的形容词前面，如：“极慢、极差、极好、极重要、极少数、极有兴趣”；也可以用于部分多音节的形容词前面，如：“极普遍、极少数、极重要、极平常”。“极”也可以作补语，但前面不能用“得”，后面一般带“了”，如：“忙极了、恨极了”。

副词“极其”，表示非常、极端。它和“极”的意思接近，都可以用来表示最高程度。但是“极其”常用于书面，只能修饰多音节的形容词和动词，如：“极其光荣、极其严肃、极其腐败；极其负责、极其重视、极其感动、受到了极其深刻的教训”。

此外，与“极其”意义和用法接近的还有副词“极为”，也是表示程度达到极点；但“极为”的语气较庄重，多用于书面语，如：“极为关注、极为不满、极为广泛、极为勇敢”。

（三）副词位置不当

【病例】

以本地猪肉价格为例，略微价格有些上涨，老百姓也是可以接受的。

【诊断】

副词“略微”“有些”都是用来修饰谓语“上涨”的，由此构成了“副词+主谓词组”的格式，故主语“价格”放在“略微”后面不妥，应移至“略微”前面。全句应改为：以本地猪肉价格为例，价格略微有些上涨，老百姓也是可以接受的。

【病例】

在异彩纷呈的科技节中，孩子们发挥想象，大胆创造，扬起智慧的风帆破浪前进，祖国的明天等待着他们在接班。

【诊断】

“等待着他们接班”是一个兼语词组，副词“在”应该前移，以修饰这个词组；并且，“等待着他们”和“接班”之间不能再加入副词“在”。全句应改为：在异彩纷呈的科技节中，孩子们发挥想象，大胆创造，扬起智慧的风帆破浪前进，祖国的明天在等待着他们接班。

【病例】

再这样滥捕滥杀滥食，野生动物资源将遭到严重破坏，环环相扣的自然生态圈将在数十年后荡然无存。

【诊断】

最后一个分句使用了“副词+介词词组+中心语”（“将+在数十年后+荡然无存”）的格式，然而副词“将”放在介词词组“在数十年后”的前面不妥，应移至“数十年后”的后面。全句应改为：再这样滥捕滥杀滥食，野生动物资源将遭到严重破坏，环环相扣的自然生态圈在数十年后将荡然无存。

（四）副词混用

【病例】

当今世界贸易格局微妙变化，国外专利地痞将进入中国市场，事实上，美国的一些专利地痞公司已经和我们正在悄悄较量。

【诊断】

这个句子中，副词“已经”和“正在”，语义有矛盾，“已经”表示动作、变化完成或已达到某种程度，而“正在”表示动作在进行或状态在持续中，为此，应择一而用。全句可改为：当今世界贸易格局微妙变化，国外专利地痞将进入中国市场，事实上，美国的一些专利地痞公司和我们正在悄悄较量。

【病例】

这一分析对于进行正确可靠的轴承腔润滑设计是十分重要和必要的。

【诊断】

副词“十分”与动词“必要”共同使用后造成语义上有冲突，二者不能搭配。从句子意思分析，要想表达清楚这句话，应该分开来说，可改为：这一分析对正确可靠地设计轴承腔润滑是十分重要的，也是非常必要的。

（五）副词苟简

【病例】

该方法将整个求解域离散为独立的结点，而无须将结点连成单元，这样可以完全避免了网格划分和网格重构。

【诊断】

同样，这个句子中，最后一个分句的助动词“可以”的前面最好加副词“就”，以表示在某种条件或情况下自然会有某种结果。此外，“可以”位置不当，应移至“完全”后面；助词“了”也多余。同时，“网格划分”和“网格重构”也显得啰嗦，可合并为“网格的划分及重构”。全句可改为：该方法将整个求解域离散为独立的结点，而无须将结点连成单元，这样就完全可以避免网格的划分及重构。

链接 17

副词的位置

有时候，副词可以修饰一个谓词性词组，也可以只修饰其中主要的谓词性词语，这时就会产生修饰什么的问题，即副词的位置问题。

“副词+主谓词组”的格式，副词位于主要谓词之前为宜。

“副词+介词词组+中心语”的格式，副词位于中心语之前为宜。

在有的句子里，副词以修饰整个词组结构为宜。

二、介词使用不当

介词是指用在名词、代词或词组的前面，跟这些词或词组结合起来，共同表示处所、时间、目的、对象、比较、被动、排除等的虚词。如：“在、从、把、对、自、往、朝、被、叫、以、比、跟、和、除、除了、当（时间、处所、方向）、为（对象、目的）、按、按照（方式）、同（比较）、让（被动）”等。

介词在语言组织的过程中发挥着重要作用，介词的数量虽然比较少，但用法非常灵活，要当用则用，不当用的时候不可滥用，否则稍不注意就会误用。因此，了解介词使用中的常见错误很有必要。介词使用不当主要体现在误用、多余、位置不当、组织不当和苟简几个方面。

（一）介词误用

介词误用是指虽然使用了介词，但所用介词不恰当。

【病例】

利用该组参数形成的网络分析情况如图10所示。

【诊断】

“利用该组参数形成”为复杂词组，改为介词词组更妥当，即应将动词“利用”改为介词“按”“按照”“用”“根据”等词。全句可改为：按该组参数形成的网络分析情况如图10所示。

【病例】

这么浩大的工程当然不是我一人就能完成的，我只想把我多余的精力做相关调研和整理工作。

【诊断】

这个句子用了“把”字句的结构，然而“把”字句是表示处置的，但这个句子里“把”的宾语不是被处置的对象，为此，应将“把”改为介词“用”。全句应改为：这么浩大的工程当然不是我一人就能完成的，我只想用我多余的精力做相关调研和整理工作。

【病例】

汪区长对棚户区群众的各种困难时刻放在心上。

【诊断】

这个句子用了介词“对”，为误用，“对”应改为“把”，以使介词“把”的使用与处置对象“棚户区群众”相符。全句应改为：汪区长把棚户区群众的各种困难时刻放在心上。

【病例】

对于丽江，我曾听到过无数优美动人的故事。

【诊断】

“对于”是指引进对象或事物的关系者，而“关于”是指引进关涉的对象。从这个句子的意思分析，此处用“对于”不妥，应改为“关于”。全句应改为：关于丽江，我曾听到过无数优美动人的故事。

【病例】

关于人工智能的伦理问题已有很多学者进行了大量的研究。

【诊断】

这个句子中，“人工智能的伦理问题”是学者研究的对象，其前面用介词“关于”不恰当，属于误用，应改为“对”。全句应改为：对人工智能的伦理问题已有很多学者进行了大量研究。或改为：已有很多学者对人工智能的伦理问题进行了大量研究。

【病例】

教师对于学生能提出严格的作业要求，是工作负责的表现。

【诊断】

这个句子使用了表示对象的介词“对于”，但根据句子意思分析，这里的“对于”应是“向”的意思，故属于误用，作者混淆了“对于”和“对”各自的含义。当“对”表示“向”和“对待”的意思时，不能换作“对于”，因此，应把“对于”改为“对”。全句应改为：教师对学生能提出严格的作业要求，是工作负责的表现。

【病例】

突然而至的这场暴雨，对城市交通带来极大的不便。

【诊断】

这个句子中，介词“对”为误用，应改为“给”。全句应改为：突然而至的这场暴雨，给城市交通带来极大的不便。

链接 18

“关于”和“对于”、“对”和“对于”的区别

1.“关于”和“对于”的区别

区别一：表示关联、涉及的事物用“关于”；指出对象用“对于”。例如：

关于招聘问题，请与办公室直接联系。

对于不良风气，我们不能听之任之。

区别二：“关于”组成的介词短语作状语，只能放在主语前面；“对于”组成的介词短语作状语，放在主语前后都可。例如：

关于哲学，我很感兴趣。

对于哲学，我很感兴趣。

我对于哲学很感兴趣。

区别三：“关于”组成的介词短语可以作标题，“对于”则不能。例如：

关于基础教育问题的讨论（可以作标题）

对于基础教育问题的讨论（不可以作标题）

2.“对”和“对于”的区别

一般而言，用“对于”的地方，都可以用“对”；但某些用“对”的地方则不能用“对于”。大致有两种情况：

情况一：表示人与人之间或人与事物之间的对待关系时，只能用“对”，不能用“对于”。例如：

他对我很热情。(√)

他对于我很热情。(×)

对党忠诚。(√)

对于党忠诚。(×)

情况二：相当于“跟”“朝”“向”的意思时，只能用“对”，不能用“对于”。例如：

我对他说过了。(√)

我对于他说过了。(×)

他对我笑了笑。(√)

他对于我笑了笑。(×)

不对困难低头。(√)

不对于困难低头。(×)

（二）介词多余

介词多余是指不该用介词而用了介词。

【病例】

这是一种以直译为主、以意译为辅的文言文释义方法。

【诊断】

此句中顿号前后间的停顿很短，没有必要重复使用介词“以”，应删去第二个“以”。全句应改为：这是一种以直译为主、意译为辅的文言文释义方法。

【病例】

有一些电影没有通过审查的原因，是因为格调不高，不能迎合多数观众的口味。

【诊断】

这个句子滥用了介词“因为”而造成与前句的“……的原因”重复，应删去“因为”。全句应改为：有一些电影没有通过审查的原因，是格调不高，不能迎合多数观众的口味。

【病例】

通过研究表明，多种病毒能通过空气或气溶胶进行传播。

【诊断】

这个句子中，介词“通过”使用不当，使句子本来的主语变成了介词的宾语，掩盖了句子的主语而使全句成为无主语句。删去“通过”后，其后的宾语就变为全句的主语，谓语动词后面的语句就成为句子的宾语部分，句子就通顺了。全句应改为：研究表明，多种病毒能通过空气或气溶胶进行传播。

关于因介词滥用致使无主语语病的问题，将在“第七讲　成分残缺”的“主语残缺”部分中具体讲解，此处仅举一例，不再赘述。

（三）介词位置不当

介词位置不当往往造成主动和被动的关系颠倒，引出对象错误。

【病例】

他说起来有点后悔：那天为何把她不拦一拦？

【诊断】

“把”字句的否定形式一般是“否定词+把”，即否定词要放在“把”的前面。全句应改为：“他说起来有点后悔：那天为何不把她拦一拦？”

【病例】

我们就是不吃你们这一套，你们又把我们能怎么样？

【诊断】

这是个“把”字句，“把”字句内有能愿动词时，能愿动词要放在“把”的前面。全句应改为：我们就是不吃你们这一套，你们又能把我们怎么样？

【病例】

想要被台风不卷走，一定得远离河边和桥上。

【诊断】

这是个“被”字句，“被”字句内有否定词时，否定词也要放在“被”的前面，即采用“否定词+被”的形式。全句应改为：想要不被台风卷走，一定得远离河边和桥上。

链接 19

“把”和“被”的用法

“把”和“被”作为介词，通常会同时出现于多重状语之中。一般而言，“被、叫、让”组成的介词短语置前，“把”组成的介词短语置后，如：“塑料火车被小猫把车头咬坏了”。

如果“把”组成的介词短语与“用、给、替、由”等组成的介词短语合用，那么，前置、后置皆可。如：我把这本书给你买来了，也可以说成“我给你买来了这本书”。

【病例】

从他记事的时候起，便和鸟交上朋友了。

【诊断】

这个句子中，表示时间的介词“从”位置不当，致全句缺主语，应移至“他”后，组成“从……时候”表示时间。全句应改为：他从记事的时候起，便和鸟交上朋友了。

【病例】

鸦片战争以来的中国近代史，对于大多数高中生是比较熟悉的，重大的历史事件都能说得一清二楚。

【诊断】

这个句子中，因介词“对于”位置不当致使“大多数高中生”与“鸦片战争以来的中国近代史”主宾倒置，应该把介词“对于”移至“鸦片战争”之前。全句应改为：对于鸦片战争以来的中国近代史，大多数高中生是比较熟悉的，重大的历史事件都能说得一清二楚。

（四）介词组织不当

介词组织不当是指组织句子的时候，介词词组的介词、宾语安排欠妥。

【病例】

当发动机高速运转后，轴承有可能由于润滑不良而烧损。

【诊断】

此句中的介词词组“当发动机高速运转后”虽是完整的表达，但不符合表达习惯。可将“后”改为“时”，或将介词“当”去掉。全句应改为：当发动机高速运转时，轴承有可能由于润滑不良而烧损。或改为：发动机高速运转后，轴承有可能由于润滑不良而烧损。

【病例】

当2000年，她又一次去了美国。

【诊断】

介词“当”常用来表示时间，但其后必须跟小句或是与有动词在内的时间短语搭配才可以，不能与单独的时间词语搭配。该句中的“2000年”

是单独的时间词语，所以这种搭配使用是错误的，应换用另一个介词“在”，“在”表示时间时没有“当”这些限制。全句应改为：在2000年，她又一次去了美国。

链接 20

“当”和“在”的异同

1.相同点

介词“当”和“在”都能表示时间。

2.不同点

“当”还能表示处所，但只能跟有限的几个名词组合，如“当头”“当面”等；不能跟表示处所和方位的词语结合，如“当你的面前”，这样的说法不成立，只能说“当面跟你讲”或“当你的面讲”。“当”更多用在书面语中，常是“当”的后面加短句或是加动词短语构成的时间词语，再加上“的时候”一类的句型；有时候，“当”前还加“正”，句首以“正当”开始叙述，强调某件事正在发生，如：“正当大雪纷飞的时候，她出国了。”

“在”只能跟处所词和方位词结合，不能跟一般的名词组合，所以“在你的面前讲”这样的说法是成立的。“在”用来表示时间有两种用法。一是将“在……”放在动词、形容词或主语前，这时一般是指动作发生的时间，如：“电影在下午4点开始。”二是将“在……”放在某些动词后，如“发生、出现、安排”等，表示出现、结束的时间，如：“教材编写会安排在10月15日下午3时召开。”

【病例】

作为一种新型的多能量源交通工具，混合动力汽车的性能与其采用的能量管理策略密切相关。

【诊断】

此句中介词“作为”的宾语“一种新型的多能量源交通工具”即指“混合动力汽车”，而全句的主语是“混合动力汽车的性能”，前者所指是后者的定语，二者不一致。可保留“作为”，将全句改为：作为一种新型的多能量源交通工具，混合动力汽车在性能上与其采用的能量管理策略是密切相关的。也可以删去该介词，将全句改为一个复句，即：混合动力汽车是一种新型的多能量源交通工具，它的性能与采用的能量管理策略密切相关。

（五）介词苟简

介词苟简是指该用介词而未用，通常表现为介词词组不完整，要么缺介词，要么缺介词的宾语。

【病例】

本人介绍的“车辆四周距离”判断方法，可以避免新手上路发生剐蹭。

【诊断】

这个句子第一个分句的介词词组不完整，因缺少方式介词“用”而误成为主语，与谓语“可以避免”不搭配，应在“本人介绍的……判断方法”的前面加上“用”，以组成介词词组作状语。全句应改为：用本人介绍的“车辆四周距离”判断方法，可以避免新手上路发生剐蹭。

【病例】

敦煌壁画的相关保护工作已在上文中作了详细介绍，此处不再赘述。

【诊断】

该句句首缺少介词“对”，致使介词词组不完整，造成语病。应在该句句首加“对”，组成介词词组，形成“对”字句，以引出对象。全句应改为：对敦煌壁画的相关保护工作已在上文中作了详细介绍，此处不再赘述。

【病例】

战国时期出现的《禹贡》和秦汉之际出现的《管子・地员》，就是我国古代土壤的专门著作。

【诊断】

这个句子漏用了介词造成句子残缺，应在第二个分句“就是”之后加上“关于”。全句应改为：战国时期出现的《禹贡》和秦汉之际出现的《管子·地员》，就是关于我国古代土壤的专门著作。

链接 21

介词短语作状语

介词短语，是介词和其他代词、名词或词组搭配组成的短语。主要作用是引入跟动作有关的对象，包括时间、处所、工具、目的、原因、对象等。例如：

于明年中秋节（表示时间）

在黄河铁桥（表示处所）

用一块石头（表示工具）

为了按期提交报告（表示目的）

由于活动推迟的影响（表示原因）

关于你的建议（表示对象）

一般情况下，介词后面跟名词性的词语，但有时也跟个别谓词性的词语，如：“经会议决定”（主谓短语）、“对于销售”（动词）。

以“关于……”和“对于……”为代表的介词结构的主要功能就是充当状语。介词结构直接用来修饰名词的情况不常见，这种情况下，修饰名词的介词结构后面要用助词“的”，如：“关于二十大的报道”。

三、连词使用不当

连词是指连接词、词组、句子或段落的词。如：“与、跟、和、同、或、及、即使、尽管、虽然、所以、只要、然而、但是”等。

连词没有实在意义，只能表示一定的语法意义，且不能单独回答问题，不能充当句子成分；然而，连词在汉语书面语或日常交际用语中的运用都是比较普遍的。汉语中的一些连词，往往对于初学汉语的学习者来说会出现一些理解和使用上的错误，但这些错误也值得文字工作者一探究竟，以在工作方面引起注意。

当然，这里主要是分析连词在连接词、词组时出现的一些失误情况，至于在复句中的误用，在“第六讲　搭配不当”和“第九讲　语序不当”中均有涉及关联词语使用不当的病例讲解，本处不再赘述。

连词使用不当的语病主要有以下几种：

（一）连词误用

【病例】

这个神话传说产生于夏朝和商朝。

【诊断】

“和”连接并列关系的词语，表示几者都在内；“或”连接选择关系的词语，表示几者居其一。这个句子中的“神话传说”不可能既产生于夏朝，又产生于商朝，只能是要么产生于夏朝，要么产生于商朝，可见“夏朝”与“商朝”是选择关系，不是并列关系，二者应当用“或”而不应当用“和”来连接。全句应改为：这个神话传说产生于夏朝或商朝。

【病例】

现在本酒店的厨师，烹饪技术都达到了中级和高级技师的水平。

【诊断】

连词“和”与“或”表示的意义不同，“和”表示并列，“或”表示选择。按句子意思看，“达到了中级和高级技师的水平”，意思成了“既是中级又是高级”，肯定不妥，应把“和”改为“或”。全句应改为：现在本酒店的厨师，烹饪技术都达到了中级或高级技师的水平。

【病例】

李大钊的话明确和有力。

【诊断】

“和”作连词时，表示并列关系，常用在“不论、不管、无论”后。这个句子中，连词“和”明显使用不当，应改为“而”。全句应改为：李大钊的话明确而有力。

【病例】

鄂尔多斯牌羊绒衫，在材质、颜色、手感、轻薄度、舒适度、保暖度、弹性等方面，已达到和超过世界名牌产品。

【诊断】

“达到”与“超过”是递进关系，为表示递进关系，此处用连词“和”显然不妥，应把“和”改为连词“并”或“并且”。全句应改为：鄂尔多斯牌羊绒衫，在材质、颜色、手感、轻薄度、舒适度、保暖度、弹性等方面，已达到并超过世界名牌产品。

【病例】

大家主动地批判享乐主义、奢靡之风和各种非无产阶级思想。

【诊断】

这个句子中，连词“和”使本不该为并列关系的词语变为并列关系，分析句子意思，应将“和”改为“等”。全句应改为：大家主动地批判享乐主义、奢靡之风等各种非无产阶级思想。

链接 22

连词“和”“并”与“而”的异同

1. 相同点

“和”“并”“而”都能作连词。

2. 不同点

“和”作连词时，多用来连接名词性词语，表示平等的联合关系，可以连接名词性、动词性和形容词性成分。但当它用在动词和形容词之间是有条件的，动词和形容词必须是双音节的，而且要有共同的修饰语和宾语。“和” 可以连接多个成分，只是要放在最后两项之间，前面的成分用顿号连接，如：“黄瓜、韭菜、萝卜和芹菜。”“和”还可以作介词，如：“你和我聊聊。”

“并”作连词时，多用来连接动词性词语，表示递进，含有更进一层的意思。如：只能说“通过并执行”，而不能说“执行并通过”，因为“执行”是建立在“通过”的基础上的。“并”，在大多情况下，连接双音节的动词，也可以连接句子，限于后一小句的主语蒙前省略的情况，如：“会议讨论了教工宿舍搬迁的问题，并研究了搬迁的具体方案。”为此，由“并”连接的两项内容不能互换。此外，“并”可以作副词，如：“相提并论”。

“而”作连词时，多用来连接形容词性词语，表示连接，多带有互相补充的意思。如：“勇敢而机智”。除此以外，“而”还有很多语法意义是“和”与“并”不具备的。其一，“而”可以表示转折，如：“哀而不伤、备而不用、华而不实、物美而价廉”等；其二，“而”还可以把表示原因、目的、状态、方式等的成分与动词连接，如：“顺势而为、顺流而下、避而不谈、分而治之、学而优则仕、为理想而奋斗”等。

【病例】

我谨代表我国政府、人民和我本人向阁下及通过阁下向贵国政府及人民致以诚挚的慰问。

【诊断】

“及”连接的成分多在意义上有主次之分，主要的成分放在“及”前面，次要的成分放在“及”后面。这个句子中，“……及通过”，连词“及”前后的成分不存在上述主次之分，为误用，应改为“并”，才能使句意清楚。全句应改为：我谨代表我国政府、人民和我本人向阁下并通过阁下向贵国政府及人民致以诚挚的慰问。

【病例】

尽管你说得再好，不落实到行动上有多大用？

【诊断】

连词“尽管”表示让步关系，而本句的前一个分句表示的是无条件的关系，应把“尽管”改为“不管”。全句应改为：不管你说得再好，不落实到行动上有多大用？

【病例】

你是想就业，或者考研？

【诊断】

“或者”表示选择关系，只能用在陈述句里，如：“这种蔬菜炒着吃或是凉拌吃都可以。”在疑问句里表示选择关系时要用连词“还是”，为此，应将“或者”改为“还是”。全句应改为：你是想就业，还是考研？

链接 23

“或者”与“还是”的异同

1.相同点

“或者”与“还是”都是表示选择的连词。当“或者”和“还是”与“无论（不管）”连用时，它们都表示一种普遍性。如：“不论老人还是小孩，都喜欢这种美食。”“不管刮风或者下雨，我们都坚持上学。”

2.不同点

“或者”只能用于陈述句，表示两个里面选取任何一个都可以。“还是”主要用于疑问句，如：“咱们是去公园还是游乐园？”

【病例】

“对伊制裁”不但遭到国际社会的普遍反对，反而使美国的霸权主义、强权政治更进一步显现，使其彻底孤立，沦为“孤家寡人”。

【诊断】

表示递进关系时，常用“不但……而且……”。如：“不但要提高工作效率，而且要保证编校质量。”如果前一个分句是否定的，表示递进关系要用“不但不……反而……”。如：“这种办法不但不好，反而会让事情变得更糟。”再看这个句子，前一个分句是肯定的，后一个分句则不能用“反而”，应把“反而”改为“而且”。全句应改为：“对伊制裁”不但遭到国际社会的普遍反对，而且使美国的霸权主义、强权政治更进一步显现，使其彻底孤立，沦为“孤家寡人”。

【病例】

我们只有掌握问题的整体情况，才能找到更好的办法。否则，如果在一些表面问题上研判来去，就会犯唯心主义的错误。

【诊断】

“否则”表示假设性让步，可以替换为“如果不这样，那么就……”。如：“必须把这里收拾干净，否则没法住。”为此，这个句子要去掉“否则”；若要保留“否则”，就要去掉“如果……研判来去”。全句可改为：我们只有掌握问题的整体情况，才能找到更好的办法。如果在一些表面问题上研判来去，就会犯唯心主义的错误。或者改为：我们只有掌握问题的整体情况，才能找到更好的办法，否则就会犯唯心主义的错误。

【病例】

只要宽以待人的人，就能获得他人的尊重和信赖。

【诊断】

“只要”是个连词，表示条件，但只能连接动词性短语或主谓短语。而这个句子中，“宽以待人的人”是一个名词性短语，故“只要”不能和它搭配。应将“只要”改为“只有”，因为连词“只有”除了可以连接动词性短语或主谓短语外，还可以连接名词性短语和介词短语；再将“就”改为

“才”，这个句子就合乎规范了。全句可改为：只有宽以待人的人，才能获得他人的尊重和信赖。

编辑应注意：“只有……才……”用来表示必要条件而不是充分条件，即不满足这个条件，就不会有后面一个分句的结果；而“只要……就……”用来表示充分条件而不是必要条件，即满足了这个条件就可以产生后面一个分句的结果，但并不排斥还有其他条件。应注意区分二者。

（二）连词错位

【病例】

菜篮子里装满白菜、菠菜和土豆、萝卜。

【诊断】

这个句子，连词“和”错位。“和”在连接三项及三项以上时，应放在最后两项之间。因此，全句应改为：菜篮子里装满白菜、菠菜、土豆和萝卜。

链接 24

连词“和”与介词“和”的区别

区别一：

连词“和”连接的两个词是联合关系，即使互换位置，意思不变；介词“和”的前后两个名词性短语不能互换位置。

区别二：

介词“和”的前面可出现状语，而连词“和”的前面不能出现状语。

区别三：

连词“和”可省略，可用顿号代替；而介词“和”不能略去，也不能改用顿号。

四、助词使用不当

助词是独立性最差、意义最不实在的一种特殊的虚词。包括结构助词，如："的、地、得、所"等；时态助词，如："着、了、过"等；语气助词，如："一样、一般、似的"等。

助词使用不当，主要体现在助词误用、助词多余、助词残缺及助词"的、地、得"的混用等问题。除"的、地、得"的混用现象外，助词使用不当问题不是很普遍；即使使用有误，也较容易发现语病。

但值得强调的是，"的、地、得"这三个助词，在现代汉语中，它们都读"de"，读音没有区别，但将其转化为书面语时，很容易将各自的适用情况搞错。为此，在日常书面语中，三者乱用、混用的现象相当普遍。有一些复杂句式，在审稿的实际工作中也给编辑带来不小困惑。助词使用不当的语病主要有以下几种类型：

（一）助词误用

【病例】

任何企图分裂祖国、破坏祖国安定的人都将成为历史的罪人，都将受到人们所反对。

【诊断】

这个句子中，应该把"受到"改为"为"；也可以让"受到"作谓语中心语，将"所"改为"的"，让后面的"反对"成为定中短语的中心语，作"受到"的宾语。全句可改为：任何企图分裂祖国、破坏祖国安定的人都将成为历史的罪人，都将为人们所反对。或者改为：任何企图分裂祖国、破坏祖国安定的人都将成为历史的罪人，都将受到人们的反对。

【病例】

如果你能看准时机、把握机会，那么今天所投资的几万元带来的收益，恐怕日后你要加倍感谢我。

【诊断】

动词"投资"和"所"组成"所投资"后，成为名词性结构，不能再带宾语“的几万元”。因此，“所投资的几万元”的说法是错误的。可以将“所”移置“带来”之前，改成“投资的几万元所带来的收益”；也可以删除“所”字。全句可改为：如果你能看准时机、把握机会，那么今天投资的几万元所带来的收益，恐怕日后你要加倍感谢我。或者改为：如果你能看准时机、把握机会，那么今天投资的几万元带来的收益，恐怕日后你要加倍感谢我。

链接 25

助词“所”的用法

助词“所”，通常跟“为”或“被”配合使用，组成“为……所”“被……所”的句式表示被动。具体而言，“所”字结构是和引进施事的介词“为”“被”构成“为/被+施事+所+动词”的结构来表示被动。如：“为人所笑话、为学生所喜爱、为大家所崇拜，被热情所感动、被舆论所左右、被表面现象所蒙蔽”等。

“所”用在及物动词前，可组成名词性的“所+动词”的结构。即与动词性成分连用的这类“所”字结构可以理解为动作所涉及的对象。如：“所见”即指“看到的事物”，“所想”即指“想到的事物”，“所至”即指“到达的地方”。

“所+动词”的结构常常还会加上“的”来修饰名词，表示该名词是受事，即被修饰的名词应是该结构中动词所表示的动作的受事，如：“所走过的路、所取得的成绩、所关注的问题”等。

但应注意，“所”不能与“受”“受到”结合使用。

（二）助词多余

【病例】

河北农村正在掀起了科学种田的新高潮。

【诊断】

助词“了”和副词“正”矛盾，以致句子读起来不顺，应删去多余的助词“了”。全句应改为：河北农村正在掀起科学种田的新高潮。

【病例】

我国向太平洋预定海域发射的首枚运载火箭圆满成功。

【诊断】

助词“的”使用多余，使得本为主谓短语作主语变为名词性偏正短语作主语，与谓语部分无法匹配，应删掉“的”。全句应改为：我国向太平洋预定海域发射首枚运载火箭圆满成功。

编辑应注意：带“的”和不带“的”的动词作定语有不同的位置。不带“的”的动词紧贴中心语，如：“这是（一支）（从前线撤下来）的（作战）部队。”

【病例】

王大武是我们车间有名的劳模，每个季度的工作量都超过预定计划的25%。

【诊断】

既然是劳模，工作量只超过预定计划的25%，即是说还没有达到预定计划量，这显然不是句子想表达的意思，问题就出在第二个助词“的”的身上，因其使用多余而致使句意发生改变，应删去。全句应改为：王大武是我们车间有名的劳模，每个季度的工作量都超过预定计划25%。

【病例】

这些孩子漠然地望着我们。

【诊断】

“然”是含有文言意味的形容词词缀，如：“漠然、断然、欣然、惨然、颓然、歉然、淡然、坦然、毅然”等。这句话中，如改说普通话，可将“漠然”改为“冷漠地”；同理，“断然”即“果断地”……根据汉语语法规范，一个词里，“然”和“地”不能同时出现，故应将“漠然地”的“地”删去。全句应改为：这些孩子漠然望着我们。或改为：这些孩子冷漠地望着我们。

（三）助词残缺

【病例】

我搀着生病的奶奶，高一脚低一脚往医院走。

【诊断】

这个句子中，明显少了一个助词“地”字，应补上。“高一脚低一脚”是中心语“往医院走”的状语，它们之间应有一个“地”字。一般而言，作修饰和限制的状语后的助词“地”不可省略。全句应改为：我搀着生病的奶奶，高一脚低一脚地往医院走。

【病例】

乘坐地铁时每人可以随身携带行李物品不得超过30公斤。

【诊断】

这个句子应在“行李物品”前加“的”，将述宾短语变为偏正短语，让“行李物品”作主语中心语。这句话的原句有两个陈述对象，一个是“每人”，一个是“行李物品”，这样修改以后，“每人”就成了定语的构成成分，句子所表达的意思也就清楚了。全句应改为：乘坐地铁时每人可以随身携带的行李物品不得超过30公斤。

【病例】

当那位死去的秦大川单位领导来询问哪位是秦大川的家属时，一位中年妇女站了起来。

【诊断】

“单位领导”的前面要加上助词“的”，才能使句意明确。全句应改为：当那位死去的秦大川的单位领导来询问哪位是秦大川的家属时，一位中年妇女站了起来。

【病例】

2021年1月1日正式实施了《中华人民共和国民法典》，被称为“社会生活的百科全书”，是我国第一部以法典命名的法律，在法律体系中处于基础性地位。

【诊断】

谓语动词“是”缺少主语。分析句子意思，它的主语是“《中华人民共和国民法典》”，但在此句中，该法典是动词“实施”的宾语，为此，应把“了”改为“的”，让“2021年1月1日正式实施的《中华人民共和国民法典》”成为定中短语，中心语“《中华人民共和国民法典》”作谓语动词“是”的主语。全句应改为：2021年1月1日正式实施的《中华人民共和国民法典》，被称为“社会生活的百科全书”，是我国第一部以法典命名的法律，在法律体系中处于基础性地位。

（四）助词“的、地、得”混用

【病例】

河边的羊群有的互相追逐，有的在呼哧呼哧的吃着青草。

【诊断】

“呼哧呼哧”是动词谓语“吃”的状语，附着在它之后的助词应当用“地”，不能用“的”。全句应改为：河边的羊群有的互相追逐，有的在呼哧呼哧地吃着青草。

【病例】

听到这样的话，她“哇”地一声哭了。

【诊断】

这个句子中，“地”为“的”的误用，“哭”虽为动作，形容“哇”这个声音，应用“的”，而非“地”。全句应改为：听到这样的话，她“哇”的一声哭了。

【病例】

那只鹰像离弦的箭，“嗖”的飞了出去。

【诊断】

很明显，“嗖”这个象声词单独作动词“飞”的状语，因此，“的”为“地”的误用，应将“的”改为“地”。全句应改为：那只鹰像离弦的箭，“嗖”地飞了出去。

【病例】

我们俩交谈的很融洽。

【诊断】

“很融洽”是谓语动词“交谈”的补语，为此，用在补语之前的助词只能用“得”，不能用“的”。全句应改为：我们俩交谈得很融洽。如果在这个句子“交谈的”后面再加名词“气氛”等之类的词，如“我们俩交谈的气氛很融洽”，助词则使用“的”。

【病例】

她发了疯似地大哭起来。

【诊断】

这个句子中，“似地”应为“似的”。“似的”和“一样”“一般”等都是附着在词或词组之后，组成比况结构的助词；并且应注意：“似的”的“似”读shì，不读sì，现在都写作“似的”，不写作“似地”。全句应改为：她发了疯似的大哭起来。

编辑应注意：“似的”“没的说”“有的是”“是……的”等，用“的”是固定搭配。

【病例】

光天化日地，竟敢行窃！

【诊断】

“的”表示情况或原因。这个句子中，“光天化日”不是修饰“行窃”，而可以看作“现在是光天化日的”的省略。为此，“地”为“的”的误用，应改为“的”。全句应改为：光天化日的，竟敢行窃！

【病例】

破衣烂衫地，翻了一地。

【诊断】

这个句子中，“的”用在两个同类的词“破衣”“烂衫”之后，可以看作表示“等等、之类”，即“破衣烂衫等等的东西”或“破衣烂衫之类的东西”，为此，“地”为“的”的误用，应将“地”改为“的”。全句应改为：

破衣烂衫的，翻了一地。

【病例】

渐渐的，冰雪开始融化。

【诊断】

“渐渐”做状语，修饰后面整个句子，只能跟“地”，应将“的”改为“地”。全句应改为：渐渐地，冰雪开始融化。

编辑应注意：有些表示时间的词语，以及“起初”“忽然”“慢慢地”等副词作状语时，为突出情况发生的状态，往往将其放在句首或独立成句，修饰后面的整个句子，其后面用“地”。若单独放在句首的词，并不是修饰主句中的动词，则在该词后面用“的”；若是修饰主句中的动词，则用“地”。

【病例】

瞧二奶奶那德性，吃的胖得走不动！

【诊断】

“吃的胖得走不动”是中补结构，中心语和补语之间应该用助词“得”。全句应改为：瞧二奶奶那德性，吃得胖得走不动！

【病例】

会议对这个问题做了认真地研究。

【诊断】

短语“认真地研究”，被修饰的中心语是动词，容易误以为整个短语是状中结构，但结合对句子的分析，会发现这个短语充当着句子的宾语，那么，这个短语就有了名词的功能和性质，因而中心语前面的修饰语应该是定语，故要用结构助词“的”表示这种定中关系，为此，应将“地”改为“的”。全句应改为：会议对这个问题做了认真的研究。

【病例】

老师深情地讲解使我深受感动。

【诊断】

这个句子中，“讲解”作整个句子的主语，前面应用“的”，而非

“地”。全句应改为：老师深情的讲解使我深受感动。

编辑应注意：在偏正结构的句子中，若修饰成分是双音节形容词或名词性成分，中心语是具有名词作用的双音节动词，那么，若中心语作主语或宾语，就是定中结构，宜用“的”；若中心语作谓语，就是状中结构，宜用“地”。有些情况下，“的”或“地”可以省略。

【病例】

我毫不犹豫得跑了过去，给了他一个大大的拥抱。

【诊断】

“毫不犹豫”会被误认为是形容词性质，所以误认为后面的成分是补语，从而错用助词为“得”。事实上，“毫不犹豫”是状语，后面的结构助词应用“地”。全句应改为：我毫不犹豫地跑了过去，给了他一个大大的拥抱。

【病例】

他拖着受伤的腿一瘸一拐得消失在她的视野中了。

【诊断】

“一瘸一拐”会被误认为是动词性质，所以会被误认为后面的成分是补语，从而错用助词为“得”。实则，“一瘸一拐”是状语，后面的结构助词应用“地”。全句应改为：他拖着受伤的腿一瘸一拐地消失在她的视野中了。

【病例】

这只流浪猫叫地有点古怪。

【诊断】

“有点古怪”会被误认为是谓语中心语，从而误将“叫”认为是修饰语，故误用了助词为“地”。实则，谓语中心语是“叫”，后面的成分是补语，所以应用结构助词“得”。全句应改为：这只流浪猫叫得有点古怪。

【病例】

这个近景魔术表演地太神奇了。

【诊断】

“太神奇”会被误认为是谓语中心语，从而误将“表演”认为是修饰语，故误用了助词为“地”。实则，谓语中心语是“表演”，后面的成分是补语，所以应用结构助词“得”。全句应改为：这个近景魔术表演得太神奇了。

编辑应注意：结构助词的运用与句子结构的理解有着密切关系。当然，也不排除有的作者没有搞懂结构助词的用法而随意使用的情况，应予及时纠错。

链接 26

“的”“地”“得”辨析

副词只能作状语，后面只能用“地”。如“多么”在感叹句中是副词，作状语，表示程度很高，后面只能用“地”，如：“现在的科技是多么地发达!”

动词重叠式不论处于什么语法位置，其前面都宜用“地”，如：“仔细地研究研究这个问题”。在“指示代词/程度副词+de+形容词”（如：“如此地妙不可言!”）的句式中，用“地”。指示代词，如：“如此、这么、那么”等；程度副词，如：“十分、多么、极度”等。

双音节副词作状语时，大部分可以省略“地”。

有时候，在一个句子中，“的”或“得”均可使用，但从语法和语境来看意思有别。如：在“你说的有道理”中，“说的”是名词性“的”字结构，更强调内容；在“你说得有道理”中，“有道理”是对“说”的结果补充，是“说”的补语，强调说的结果和效果。又如，“必需的”可以相当于名词，作宾语，但不能说“必须的”，也没有“必须的”用法，因为“必须”是副词，后面接动词。

有时候，在一个句子中，“地”“得”均可使用，但强调的重点不同。如是在形容词性成分之后、动词性成分之前，既可能是“地”，也可能是“得”。如：在“大家激动地讨论起来”中，主要是陈述“讨论”，“激动”是对“讨论”这一动作的修饰；而在“大家激动得讨论起来”中，主要强调“激动”，“讨论”是对“激动”程度的补充说明。

有时候，“的”“地”“得”均可使用，但语义不同，用法也不同。如：

“真的”（“的”轻读）一词，指不是假的。可作主语（如：“真的才让人信服”）、可作宾语（如：“这确实是真的”）、可作定语（如：“真的勇士”）。除此外，还可作状语（如：“真的，我来看你了。”），旨在要求别人相信。

“真地”（“地”轻读）一词，指确实、实在。可作状语（如：“他真地想你”）。

“真得”（“得”[děi]）一词，可作状语（如：“真得好好研究研究”），指事实上、情理上的需要或揣测的必然。也可作补语（如：“这次玩得真好”），表示“舒服、惬意”。

AABB式形容词后面也可以使用“的”“地”“得”。AABB式形容词作定语时，后面用“的”（如：“干干净净的床单”）；作状语时，后面用“地”（如：“干干净净地洗一洗”）；作补语时，后面用“得”（如：“洗得干干净净”）。但是，如果整个述补结构作状语，后面用“地”（如：“干干净净地收起来”）。

【病例】

健身难免疼痛，虽然充分热身可以有效降低运动风险，但关于健身引起的下背部疼痛，值得充分的注意。

【诊断】

“值得”是真谓宾动词，其后只能带单个动词、形容词和主谓、动宾、状中、联合等谓词性短语，但不能带以谓词为中心的定中短语。“充分的注意”为定中短语，不能放在“值得”等真谓宾动词后面。为此，“值得充分的注意”应改为“值得充分地注意”。全句应改为：健身难免疼痛，虽然充分热身可以有效降低运动风险，但关于健身引起的下背部疼痛，值得充分地注意。

【病例】

对实施“新课程标准”下的中考物理化学新动态变化要做出积极反映，不断收集各地的中考信息，并加以认真地研究。

【诊断】

“加以”为准谓宾动词，其后只能带以谓词为中心的定中短语，不能带动宾、状中等谓词性短语。“认真地研究”为状中短语，不能放在“加以”等准谓宾动词的后面。为此，“并加以认真地研究”应改为“并加以认真的研究”。全句应改为：对实施“新课程标准”下的中考物理化学新动态变化要做出积极反映，不断收集各地的中考信息，并加以认真的研究。

【病例】

为进一步优化办事流程、缩短办理时限，切实做到高效务实，农业农村局对涉及的行政审批、服务事项等问题再次进行认真地梳理。

【诊断】

“进行”为准谓宾动词，其后只能带以谓词为中心的定中短语，不能带动宾、状中等谓词性短语。“进行认真地梳理” 应改为“进行认真的梳理”。全句应改为：为进一步优化办事流程、缩短办理时限，切实做到高效务实，农业农村局对涉及的行政审批、服务事项等问题再次进行认真的梳理。

链接 27

名宾动词与谓宾动词小议

按照所带宾语的性质，动词可分为名宾动词和谓宾动词两种。

1. 名宾动词

指只能带名词或名词性宾语的动词。这类动词的宾语都是名词，并且只能是名词。如："敲/打/砍/摇/读/写/打扫/修理/驾驶/采购/收割"等。

"敲（门）/打（水）/砍（柴）/摇（头）/读（书）/写（诗）/打扫（教室）/修理（电器）/驾驶（车辆）/采购（物品）/收割（麦子）"等。

2. 谓宾动词

指只能带谓词性词语作宾语的动词。这类词语后面的宾语，只能是谓词性词语。可分为以下几种：

（1）按所带宾语的性质分类

分为真谓宾动词、准谓宾动词和真准谓宾动词三类。

1）真谓宾动词

指能带单个动词形容词和主谓、动宾、状中、联合等谓词性短语作宾语，但不能带以谓词为中心的定中短语作宾语的动词。如："值得、认为、以为、计划、估计、打算、感到、觉得、主张、同意、赞成、准备、希望"等。例：

值得注意（√）

值得大家注意（√）

值得注意这种问题（√）

值得充分地注意（√）

值得注意并思索（√）

值得充分的注意（×）

2）准谓宾动词

指能带以谓词为中心的定中短语，但不能带动宾、状中等谓词性短语作宾语的动词。如："进行、有、受到、予以、给以、加以、致以"等。例：

进行认真的调查（√）

进行调查农村（×）

进行认真地调查（×）

3）真准谓宾动词

指既能带真谓词性宾语又能带准谓词性宾语的动词。如：“有助于、意味着、开始”等。例：

有助于厘清思路（√）

有助于社会发展（√）

有助于最大限度地降低成本（√）

有助于群众的理解（√）

（2）按动词的意义类别分类

分为表示爱、憎等心理活动的动词以及助动词、形式动词、起止类动词、存现动词、言谈类动词。

1）表示爱、憎等心理活动的动词

如：“希望、喜欢、爱、恨、讨厌、厌恶”等。

2）助动词

是动词的附类，表示应该、可能、必须、愿望等意思，通常放在动词或形容词前面。如：“应当、应该、该、要、敢、能、能够、可能、可以、愿意、乐意、情愿、值得、肯、许、准”等。

3）形式动词

如：“进行、予以、给以、加以、致以、招致”等。

4）起止类动词

如：“开始、停止、继续”等。

5）存现动词

如：“有、没有、在、存在、出现、呈现、发生、消失、消散”等。

6）言谈类动词

如：“问、说、讲、谈、讨论、告诉、研究”等。

此外，还有名谓宾动词。指的是既可以带名词或名词性词语作宾语，又可以带谓词或谓词性词语作宾语的动词。如："说、指出、看见、表明、抱怨、埋怨，得到、想象、保证、称赞、担心、赞成、反对"等。

第六讲

搭配不当

一个句子中，词语的组合搭配是有选择性的，哪些词语可以搭配，哪些词语不能搭配，既会受逻辑关系的制约，也会受词义、语法规则的制约。即是说句子的各个成分之间是互相搭配的，也应该是符合语言习惯的，这在语法上便称为“搭配”。忽视或违背了以上规律，就会出现搭配不当的问题。

搭配不当是指一个句子的相关成分在语言意义上或语言习惯上不能搭配，不符合语言习惯，即指我们常说的“用词不当”。一个词只要不是生造词，它本身无所谓“当”与“不当”，只有把它放在特定的语言环境中，即上下文中，在一定的词组（或结构）和句子里，才会发生“当”或“不当”的问题。常见的搭配不当的情况有以下几种类型：

一、主语和谓语搭配不当

主语和谓语搭配不当的语病，比较常见的病因有主语和谓语是较复杂的联合短语（并列短语居多），会造成多个主语共用一个本不能共用的谓语，或多个主语和多个谓语不能对应搭配。此外，还有语义不搭配、语义不相容以及不符合搭配习惯等。

【病例】

这位老者虽然到了耄耋之年，但是精力充沛，气魄健壮。

【诊断】

主语和谓语是句子的主要成分。主语是陈述的对象，谓语是对主语加以陈述的。主语和谓语在意义的关系上，要求搭配得当，即是说语义要搭配。这个句子的第三个分句由一个主谓词组来充当，其主语“气魄”与谓语“健壮”语义上不搭配，应把主语“气魄”改为“身体”，或把谓语“健壮”改为“非凡”。全句可改为：这位老者虽然到了耄耋之年，但是精力充沛，气魄非凡。或改为：这位老者虽然到了耄耋之年，但是精力充沛，身体健壮。

【病例】

他们这次的态度比任何一次都更加威严和坚强。

【诊断】

主语中心语是“态度”，谓语中心语是“威严和坚强”，习惯而言，可以说“态度威严”，但不能说“态度坚强”，因为“坚强”能形容性格，但不能形容态度，应改“坚强”为“强硬”。全句应改为：他们这次的态度比任何一次都更加威严和强硬。

【病例】

通过努力，今年这个出版社的图书发行量提高了一倍。

【诊断】

主语“出版社的图书发行量”和谓语“提高了一倍”搭配不当。“发行量”可以“增加”或“减少”，而不能“提高”或“降低”。为此，应改“提高”为“增加”。全句应改为：通过努力，今年这个出版社的图书发行量增加了一倍。

【病例】

今年的番茄种植，由于广泛采用了大棚生产，普遍长势好，产量高。

【诊断】

主语中心语是“种植”，谓语中心语是“长势好，产量高”，但“长势好，产量高”不能与“种植”搭配使用，即不能说“种植长势好，产量高”，这个句子属于主谓搭配不当，应将“种植”移至“今年”的后面，让“番茄”作主语中心语，句子的意思就明确了。全句应改为：今年种植的番茄，由于广泛采用了大棚生产，普遍长势好，产量高。

【病例】

救人的过程中，他的衣服被划破、划伤，但他全然不顾。

【诊断】

主语“衣服”与谓语“划破、划伤”搭配不当，衣服“划破”可以说，衣服“划伤”不能说，显然犯了语义不搭配的语病，应删除“划伤”。全句应改为：救人的过程中，他的衣服被划破，但他全然不顾。

【病例】

这个大棚种植基地每年的蔬菜生产量，除供应本市市场外，还销往省内其他市场。

【诊断】

主语“生产量”和谓语动词“供应”“销往”搭配不当。“生产量”如何供应本市市场和被销往省内其他市场呢？显然不对，实际上说的是“蔬菜”。因此，第一个分句应删除“生产量”，在“每年”后加上“生产”。全句应改为：这个大棚种植基地每年生产的蔬菜，除供应本市市场外，还销往省内其他市场。

【病例】

十年前，这一片区域的土地沙漠化、植被覆盖率低和林木病虫害等十分严重，如今已经有了很大改观。

【诊断】

“土地沙漠化”“植被覆盖率低”“林木病虫害”是三个并列的主语，谓语中心语是形容词“严重”。“严重”有影响大、程度深的意思，而“植被覆盖率低”与“严重”不搭配，因“严重”不能形容“植被覆盖率低”。联系句子意思看，“土地沙漠化”“植被覆盖率低”“林木病虫害”均属于出现的问题，所以形容词“严重”与“问题”搭配才是合适的。全句应改为：十年前，这一片区域的土地沙漠化、植被覆盖率低和林木病虫害等问题十分严重，如今已经有了很大改观。

【病例】

哪个班级学习氛围浓厚，哪里学习积极性和学习成绩就好。

【诊断】

这个句子的最后的一个分句的主语是一个联合词组“学习积极性和学习成绩”，谓语是“好”，“学习成绩”和“好”是可以搭配的，但“学习积极性”和“好”就不能搭配了。全句应改为：哪个班级学习氛围浓厚，哪里学习积极性高，哪里学习成绩就好。

【病例】

这次国际电影节，吸引了全球上千位电影人和几百部电影前来参与。

【诊断】

这个句子主谓搭配不当，第二个分句的主语是“电影人”和“电影”，是一个联合短语，谓语是“前来参与”，表达这个句子的人只注意到联合短语中的一部分而忽略了另一部分，造成这个句子主谓不搭配，第二个分句应改为“吸引了全球上千位电影人前来参与，有几百部电影上映”。全句应改为：这次国际电影节，吸引了全球上千位电影人前来参与，有几百部电影上映。

编辑应注意：像这种顾此失彼以致搭配不当的语病在书稿中较常见，加工稿件时应引起重视。

【病例】

据中科院动物研究所初步鉴定，这头金色牦牛是世界上新发现的一种野生动物，并命名为“金色牦牛”。

【诊断】

主语“金色牦牛”与谓语“命名”不搭配，应改“命名”为“被命名”。全句应改为：据中科院动物研究所初步鉴定，这头金色牦牛是世界上新发现的一种野生动物，并被命名为“金色牦牛”。

【病例】

革命先烈崇高的革命品质和无私的奉献精神，时常浮现在我的脑海中。

【诊断】

主语中心语是联合短语“崇高的革命品质和无私的奉献精神”，谓语中心语是“浮现”，这个句子主谓不搭配，因为“品质”和“精神”都是抽象概念，没有具体形象，所以不能“浮现”，可将“浮现在我的脑海中”改为“鼓舞着我”。全句应改为：革命先烈崇高的革命品质和无私的奉献精神，时常鼓舞着我。

二、谓语和宾语搭配不当

谓语和宾语搭配不当的语病，除了谓语和宾语直接不搭配以外，病因主要还有以下几种：谓语动词不止一个；宾语有两个及以上不符合搭配习惯；动词是不及物动词，即不能带宾语的动词却带了宾语；动词是及物动词，但不能支配宾语对象。

不及物动词误作及物动词，具体病例已在“第三讲　词性误用”中讲述；不及物动词误作及物动词，也基本表现为名词误用为动词，相关内容也已有所讲述。故以上两类病因，此处不再赘述。

【病例】

他们说服了家长的劝阻。

【诊断】

谓语动词“说服”与宾语“劝阻”不搭配，可改为“说服了劝阻的家长”。全句应改为：他们说服了劝阻的家长。

【病例】

在这个大城市，老杨挣的这点钱没法养活一家人的生活。

【诊断】

“生活”与“养活”不能搭配，可以把“养活”改为“维持”，也可以把“的生活”删除。全句应改为：在这个大城市，老杨挣的这点钱没法维持一家人的生活。或改为：在这个大城市，老杨挣的这点钱没法养活一家人。

【病例】

与会的同志们都提出了自己的决心，要在接下来的百天奋战中发扬不怕吃苦、勇担重任的风格。

【诊断】

动词“提出”和宾语“决心”意义对应不了，“决心”只能表示，不能“提出”，应将“提出”改为“表示”。全句应改为：与会的同志们都表示了自己的决心，要在接下来的百天奋战中发扬不怕吃苦、勇担重任的风格。

【病例】

冬奥会的志愿者每天都在辛勤忙碌着，他们携手努力，高质量配合组委会完成了举办这次举世瞩目的和谐冬奥会、文明冬奥会的理想。

【诊断】

谓语动词“完成”和宾语“理想”的搭配虽然在语义上勉强可通，但是不符合搭配习惯。“实现理想”才是最常见的搭配，应把“完成”改为“实现”。全句应改为：冬奥会的志愿者每天都在辛勤忙碌着，他们携手努力，高质量配合组委会实现了举办这次举世瞩目的和谐冬奥会、文明冬奥会的理想。

【病例】

奋战了一天一夜的战士们，终于把红旗和胜利插上了敌人的阵地。

【诊断】

这里用“把”字句结构将“插”的宾语“红旗和胜利”置前了。很明显，“红旗”可以插，但“胜利”不可以与“插”搭配，属于动宾搭配不当，应删掉“和胜利”。全句应改为：奋战了一天一夜的战士们，终于把红旗插上了敌人的阵地。

编辑应注意：当动词带两个以上宾语时，尤其要注意后面的宾语与动词的搭配问题。

【病例】

在场的同学们全都认真地注视着并倾听着林教授的报告。

【诊断】

本句的宾语中心语是“报告”，谓语动词是“注视”和“倾听”。可以说“倾听报告”，但不能说“注视报告”，“注视着并”应删掉。全句应改为：在场的同学们全都认真地倾听着林教授的报告。

【病例】

在汉语言学习方面，要多读精读，还要掌握语法有关的基础知识和比较熟练的习作能力。

【诊断】

“掌握”的宾语是一个联合词组，“掌握”可以跟“基础知识”搭配，但不能与“写作能力”搭配，应将“和”字改为“具备”，并在“基础知识”后加逗号。全句应改为：在汉语言学习方面，要多读精读，还要掌握语法有关的基础知识，具备比较熟练的习作能力。

【病例】

“七山一水二分田”是我市土地资源的真实写照，人多地少的自然条件，一直是制约我市经济发展的瓶颈。

【诊断】

“瓶颈”与“制约”不宜搭配使用。一般说“遇到瓶颈”“陷入瓶颈”“打破瓶颈”“突破瓶颈”等。全句可改为：“七山一水二分田”是我市土地资源的真实写照，人多地少的自然条件，制约着我市经济发展。

三、主语和宾语搭配不当

主语和宾语搭配不当是指主语和宾语在语义、语法或语用习惯上不能互相搭配，而致语病。这类句子除了主语和宾语直接不搭配外，病因主要还有：以“是”字句为代表的解释句中的主宾搭配不当（不能构成对主语的解释），以及联合短语照应不周等。这类语病，可以直接用提取句子“主干”的方法来辨别并进行相应修改。

【病例】

高校的学生，不能培养成理论脱离实际的毛病。

【诊断】

提取这个句子的“主干”为“学生……培养成……毛病”，显然有误，也就是说主语“学生”和宾语“毛病”不搭配，应将句末的“毛病”改为“人”。全句应改为：高校的学生，不能培养成理论脱离实际的人。

【病例】

很明显，这种做法是一种急功近利的表现。

【诊断】

提取这个句子的“主干”为“做法是表现”，明显有误，可将后半句改为“这种做法急功近利”。全句应改为：很明显，这种做法急功近利。

【病例】

天水市生产的花牛苹果是甘肃省产量最多的地区之一。

【诊断】

主语中心语是“苹果”，宾语中心语是“地区之一”，意义上不能搭配，应将“花牛苹果”移至“甘肃省”的后面，删掉“生产的”，句子的语法就正确了。全句应改为：天水市是甘肃省花牛苹果产量最多的地区之一。

【病例】

哲学上说，世界是运动的，运动是有规律的，由此可以得出世界是一个永远不停地运动和变化的过程。

【诊断】

这个句子的最后一个分句，提“主干”后为“世界是过程”，显然有语病，应删掉“一个”和“过程”，也可以改为“世界的发展是一个……过程”。全句应改为：哲学上说，世界是运动的，运动是有规律的，由此可以得出世界是永远不停地运动和变化的。或改为：哲学上说，世界是运动的，运动是有规律的，由此可以得出世界的发展是一个永远不停地运动和变化的过程。

【病例】

遍布乡村的祠堂是乡村中重要的传统文化，蕴含着丰富的历史人文信息。

【诊断】

提取这个句子的“主干”为“祠堂是……传统文化”，显然有误，应在“传统文化”后加“建筑”。全句应改为：遍布乡村的祠堂是乡村中重要的传统文化建筑，蕴含着丰富的历史人文信息。

【病例】

去年麦子的收成是这几年来麦子收成最好的一年。

【诊断】

这个句子主语的中心语是“收成”，而谓语的中心语是“一年”，提取句子“主干”为“收成是一年”，明显不当。全句应改为：去年麦子的收成是这几年来麦子收成最好的。或改为：去年是这几年来麦子收成最好的一年。

编辑应注意：这类语病主要出现在“是”字句中，表现为“是”字前后的词语或表述不搭配。当句子中有动词“是”“成为”等词时，要注意主语与宾语的搭配是否合适。

【病例】

调类就是声调的种类，就是把调值相同的字归为一类。

【诊断】

这个句子的主语为名词“调类”，宾语是“把调值相同的字归为一类”，属于动词性短语，表示一种动作行为，不能构成对主语的解释，为此，应将宾语改为“把调值相同的字归为一类所形成的类别”，使其成为名词性短语，句子语法结构才正确。全句应改为：调类就是声调的种类，就是把调值相同的字归为一类所形成的类别。

【病例】

这款创新设计投入生产仅几个月，就为公司带来了丰厚的利润，这项设计付出的所有努力和取得的成绩终于得到了回报。

【诊断】

这句的联合主语“努力和成绩”与宾语“回报”搭配不当。可以说“努力得到回报”，但“取得的成绩”本身就是回报，所以说“成绩得到回报”存有语病，应删除“和取得的成绩”。全句应改为：这款创新设计投入生产仅几个月，就为公司带来了丰厚的利润，这项设计付出的所有努力终于得到了回报。

编辑应注意：当主语或宾语是联合短语时，二者常常会由于照应不周出现搭配不当的问题。

【病例】

京剧是中国独有的表演艺术，它的审美情趣和艺术品位，是中国文化的形象代言之一，是世界艺术之林的奇葩。

【诊断】

“是……形象代言之一，是……奇葩”的主语应该是“京剧”，而不是“它的审美情趣和艺术品位”，可将第二个分句的“它的”改为“具有独特的”。全句应改为：京剧是中国独有的表演艺术，具有独特的审美情趣和艺术品位，是中国文化的形象代言之一，是世界艺术之林的奇葩。

编辑应注意：这个句子的语病具有较强的隐蔽性，不易发现，应在平时的审稿中及时纠错，以使这类句子的表述更加规范。

四、定语和中心语搭配不当

为了更准确地表现中心语，往往会在中心语前面加上定语。定语和中心语之间的关系有两种，即修饰关系和限制关系。修饰关系的定语往往是形容词或形容词性词组。限制关系的定语一般由名词、代词或数词充当。如果定语不能准确地限制或修饰中心语，或者对联合短语照应不周等，就会使二者搭配不当。

【病例】

没想到这里大有藏龙卧虎的人才啊！

【诊断】

定语“藏龙卧虎”与中心语“人才”搭配不当。“龙”“虎”实际上都是比喻人才，不能再修饰“人才”；并且“藏”“卧”含“有”之意，与谓语也重复。全句可改为：没想到这里藏龙卧虎啊！或改为：没想到这里大有人才啊！

【病例】

如何把我们的工作做实做细，这是一件很值得思考的问题。

【诊断】

定语“一件”与中心语“问题”不能搭配，只能说“一个问题”，不能说“一件问题”，应将“一件”改为“一个”。全句应改为：如何把我们的工作做实做细，这是一个很值得思考的问题。

【病例】

蓝天白云下，远处百余只悠闲吃草的羊群吸引着游客。

【诊断】

定语“百余只”与中心词“羊群”搭配不当，应删去“百余只”或“群”。全句可改为：蓝天白云下，远处悠闲吃草的羊群吸引着游客。或改为：蓝天白云下，远处百余只悠闲吃草的羊吸引着游客。

【病例】

大灰狼看到屋里只有小红帽一个人，马上露出恶毒的面孔。

【诊断】

一般而言，“恶毒”修饰抽象事物，如“恶毒的心肠”“恶毒的手段”“恶毒的计划”等，不能修饰具体事物——面孔，应改“恶毒”为“凶恶”。全句应改为：大灰狼看到屋里只有小红帽一个人，马上露出凶恶的面孔。

【病例】

中越两国亲切而深厚的友谊历久弥新。

【诊断】

“亲切而深厚的友谊”是个联合短语，“深厚”可以修饰中心语“友谊”，但“亲切”不能，为此，应将“亲切而”删去。全句应改为：中越两国深厚的友谊历久弥新。

【病例】

打开QQ音乐，我总喜欢选那些轻快、激动的乐曲听。

【诊断】

“乐曲”前有联合短语作定语，其中，“轻快”可以修饰中心语，但“激动”不能修饰，不能说“激动的乐曲”。应在顿号前加上“的”，在“激动”后面加“人心”。全句应改为：打开QQ音乐，我总喜欢选那些轻快的、激动人心的乐曲听。

【病例】

这几名打入敌人内部的共产党员，都是经过严峻考验和审查的优秀共产党员。

【诊断】

“严峻”只能修饰“考验”，不能修饰“审查”，为此，“严峻考验和审查”表意不清，应在“审查”前面加“严格”。全句应改为：这几名打入敌人内部的共产党员，都是经过严峻考验和严格审查的优秀共产党员。

【病例】

民族的就是世界的，当我们的民族文化能真正立足于世界之林而经久不衰时，你才能把握这句话深刻而宽广的内涵。

【诊断】

这个句子中，“深刻而宽广”作定语修饰“内涵”，不搭配。“内涵”搭配“深刻”是可以的，但用“宽广”修饰显然不妥，可以将“宽广”改为“丰富”。全句应改为：民族的就是世界的，当我们的民族文化能真正立足于世界之林而经久不衰时，你才能把握这句话深刻而丰富的内涵。

【病例】

在扫黑除恶专项整治行动中，一批严重的犯罪分子受到打击和处理。

【诊断】

“严重”不能修饰“犯罪分子”，应在“严重”前面加“罪行”。全句应改为：在扫黑除恶专项整治行动中，一批罪行严重的犯罪分子受到打击和处理。

【病例】

据悉，一款全新的适用于全膝关节置换手术的机器人将亮相本届科博会，它具有精准、快速、灵敏、环保的功能和作用。

【诊断】

“精准、快速、灵敏、环保”既不是“功能”，也不是“作用”，应该是“特点”，这个句子属于定中搭配不当。为此，应把“功能和作用”改为“特点”。全句应改为：据悉，一款全新的适用于全膝关节置换手术的机器人将亮相本届科博会，它具有精准、快速、灵敏、环保的特点。

【病例】

这是一个烟花绚烂的难忘夜晚，爆竹声声，火光充满了全部小城。

【诊断】

第三个分句的谓语“充满”含有“填满”的意思，说“火光充满了全部小城”明显不妥，应改为“照亮”；定语“全部”修饰中心语“小城”也不当，“全部”是指各个部分的总和，联系上下文看，改为“整个”更合适。全句应改为：这是一个烟花绚烂的难忘夜晚，爆竹声声，火光照亮了整个小城。

【病例】

古代文人常以“自我”审视的角度，自由地去刻画一系列斑驳陆离的形象。

【诊断】

“斑驳陆离”是个成语，语出《离骚》：“纷总总其离合兮，斑陆离其上下。”形容花样色彩纷繁。把它跟定语“形象”搭配，致使在语义上不相应，可以考虑改为“多姿多彩”。全句可改为：古代文人常以“自我”审视的角度，自由地去刻画一系列多姿多彩的形象。

五、状语和中心语搭配不当

状语和中心语搭配不当，即状语和谓语的修饰与被修饰关系不恰当。

大多表现为整个句子中的状语与谓语或谓语的宾语不搭配，也有的句子表现为句子成分中的状中词组内部不搭配，还有的句子同样是对联合短语照应不周导致搭配不当。

【病例】

大家众口一词地认为娄小强才是班长的最佳人选。

【诊断】

“众口一词”是形容人们说同样的话，看法或意见一致，这里却用来修饰“认为”这个表示心理活动的动词，致使状语和中心语搭配不当。全句应改为：大家众口一词，都认为娄小强才是班长的最佳人选。

【病例】

他们一起组织群众营救，终于将骡子和架子车营救上岸。

【诊断】

“营救”只能用于人，不能用于动物，更不能用于物品“架子车”，为此，该句的谓语中心语“营救”与状语“将骡子和架子车”二者不搭配，应改“营救”为“打捞”。全句应改为：他们一起组织群众营救，终于将骡子和架子车打捞上岸。

【病例】

我们严肃地研究了员工们的建议，并虚心地请教了专家们的意见。

【诊断】

状语“严肃”不能修饰中心语“研究”，二者搭配不当，可以改“严肃”为“认真”。全句可改为：我们认真地研究了员工们的建议，并虚心地请教了专家们的意见。

【病例】

由于坚持植树造林，这一带基本上根除了风沙灾害。

【诊断】

“根除”的意思是彻底铲除。为此，“根除”再用“基本上”修饰，致使状语和中心语搭配不当。应该将后半句的“基本上”删去，或者将“根除”改为“消除”。全句可改为：由于坚持植树造林，这一带根除了风沙灾害。或改为：由于坚持植树造林，这一带基本上消除了风沙灾害。

【病例】

连续几天的加班使她极度疲乏，早上起床时使出十分的力气才渐渐地爬起来。

【诊断】

状语“渐渐地”指程度或数量逐步地……，明显不能与中心语“爬起来”搭配，应改为“慢慢地”。全句应改为：连续几天的加班使她极度疲乏，早上起床时使出十分的力气才慢慢地爬起来。

【病例】

经过一年的学习生活，我与学校的老师、同学和这里的一草一木都相处得很好。

【诊断】

“与……一草一木都相处得很好”不通顺，可将“都相处得很好”移至“同学”后面，并加逗号，“和这里的一草一木都相处得很好”可改为“与这里的一草一木都很有感情”，这样句子就通顺了。全句应改为：经过一年的学习生活，我与学校的老师、同学都相处得很好，与这里的一草一木都很有感情。

六、谓语动词和补语搭配不当

补语是用来修饰谓语动词的，修饰与被修饰关系不当的时候，就会导致句子语病。这类语病也同样存在谓语动词对补语的联合短语照应不周导致的搭配不当问题。

【病例】

上次我们对你们照顾得实在是太不周全了，真是过意不去。

【诊断】

“周全”应该与“想”或“考虑”搭配，“想得周全”或“考虑得周全”都能说通，“照顾得周全”就有些说不通了，为此，“周全”不能与“照顾”搭配。此处应将“周全”改为“周到”，才能同谓语“照顾”搭配。全句应改为：上次我们对你们照顾得实在是太不周到了，真是过意不去。

【病例】

环卫工人把整条街道打扫得干干净净、整整齐齐。

【诊断】

“干干净净”与“整整齐齐”两个补语，不能与谓语动词“打扫”同时搭配，“干干净净”可以搭配，但“整整齐齐”搭配不当，应当删去“整整齐齐”。全句应改为：环卫工人把整条街道打扫得干干净净。

【病例】

戏班子里的这几个小演员都长得大方、清秀。

【诊断】

谓语动词“长”可与补语“清秀”搭配，但不能与补语“大方”搭配，应删去“大方”。全句应改为：戏班子里的这几个小演员都长得清秀。

【病例】

语文老师的普通话讲得很通顺。

【诊断】

“通顺”是指语句、文章等没有逻辑上或语法上的毛病，读起来顺畅，不能修饰“普通话”，为此，补语“通顺”与谓语动词“讲”搭配不当，应该把“通顺”改为“流利”。全句应改为：语文老师的普通话讲得很流利。

【病例】

他倒在床上睡得模模糊糊的，后面的什么事都不知道了。

【诊断】

“模模糊糊”意指看得不清楚、不真切。这个句子的补语“模模糊糊”与谓语中心语“睡”搭配不当，只有“迷迷糊糊”能与“睡”搭配，为此，应改“模模糊糊”为“迷迷糊糊”。全句应改为：他倒在床上睡得迷迷糊糊的，后面的什么事都不知道了。

【病例】

穿上这套量身定制的西服，老寇显得很青春、很潇洒。

【诊断】

“显得很潇洒”可以说，“显得很青春”则不能说，因为“青春”是名词，不受程度副词“很”修饰，可将“青春”改为“年轻”。全句可改为：穿上这套量身定制的西服，老寇显得很年轻、很潇洒。

【病例】

最近一线的医护人员很忙，外出学习的事还没有确定起来。

【诊断】

“起来”不能作“确定”的补语，为此，二者搭配不当，应改为“确定下来”，句子才能通顺。全句应改为：最近一线的医护人员很忙，外出学习的事还没有确定下来。

【病例】

夜幕下的龙泉乡一片漆黑，除了偶尔几声狗吠，到处弥散着阴森的气息，王小帅一到晚上就吓得胆小如鼠，不敢开门。

【诊断】

“胆小如鼠”经常作谓语，如“某某胆小如鼠”，也可作定语，如“胆小如鼠的某某”，但该词一般不作补语，为此，可以将“吓得”删除。全句可改为：夜幕下的龙泉乡一片漆黑，除了偶尔几声狗吠，到处弥散着阴森的气息，王小帅一到晚上就胆小如鼠，不敢开门。

七、同位词组内部词语不搭配

同位词组指同位短语，又称“复指短语”，是指由从不同角度共指同一个对象的两个或两个以上的词语构成的词组。同位词语具有互相说明、互相解释的作用，它们总是处在句子的同一位置上充当同一成分。如果搭配不当，就会产生语病。

【病例】

现如今，机器人被广泛用于各个领域，如在汽车制造领域，多用于汽车、搬运、冲压、喷漆等工种。

【诊断】

这个句子中，“汽车、搬运、冲压、喷漆等工种”是一个同位词组，但“汽车”不能和“工种”搭配。“等”前的并列成分中，“汽车”是名词，其他是非名词，词性不同，也不能一起搭配组成联合词组。应将“汽车、搬运”中间的顿号删去。全句应改为：现如今，机器人被广泛用于各个领域，如在汽车制造领域，多用于汽车搬运、冲压、喷漆等工种。

【病例】

美、英、法、俄、中国内外文艺节目选播。

【诊断】

这个句子属于分承不当，应该把前一个联合词组改成“中、美、英、法、俄”。全句应改为：中、美、英、法、俄文艺节目选播。或者直接删去“国内外”，改为：美、英、法、俄、中文艺节目选播。

编辑应注意：在现代汉语中，由两个联合词组组成的结构，若是表示分承关系的，为保证搭配无误，要求前后两个成分中词语的排列顺序要相应。同位词组多由两部分组成，前后部分词语不同，但表示同一事物。对这表示的同一事物而言，两部分词语彼此间又起着互相说明的作用，一般中间没有停顿。例如：“短篇小说《变色龙》”，“短篇小说”和“《变色龙》”彼此间起着相互说明的作用。

八、两面与一面搭配不当

两面词是指比如“是否”“能否”“好坏”“成败”“大小”“高低”“升降”“优劣”“强弱”“得失”“快慢”“有无”之类兼有正反两方面意思的词语。两面词表达的是正反两方面的意思，所以它一般要求上下文中有相互对应的词语或语义，否则就会造成一面意思与两面意思搭配不当的语病。

这类语病的主要特征为句子内容不能前后照应。即句子的一部分内容涉及两个方面，而与之对应的另一部分内容只涉及一个方面。

【病例】

历史上是否存在过西夏王朝，现在已经没有疑问了。

【诊断】

前半句“是否存在过西夏王朝”用了“是否”两字来表达，是两面的；而后半句“现在已经没有疑问了”是一面的，到底是说存在过还是没有存在过呢？不明确。可以删去前半句的“是否”，把前半句也改为一面的，就能够和后半句搭配了。全句可改为：历史上存在过西夏王朝，现在已经没有疑问了。

【病例】

大学思政教育抓不抓青年的理想教育，是关系到国家第二个百年奋斗目标实现的大事。

【诊断】

“抓不抓”是两面词，而“关系到……”后面并没有与之对应的两面词，属于对应不当。为此，应该将后半句也改为两面的。全句应改为：大学思政教育抓不抓青年的理想教育，是关系到国家第二个百年奋斗目标能不能实现的大事。

【病例】

在那个民族独立和民族解放运动风起云涌的时代，能激发国人的爱国热情是评判一部文学作品好坏的重要标准。

【诊断】

“能激发国人的爱国热情”和“作品好坏”属于一面对两面。从句子意思分析，能激发国人的爱国热情的文学作品就是好的文学作品；反之，就是不好的文学作品。为此，应该把后半句的“能”改为“能否”。全句应改为：在那个民族独立和民族解放运动风起云涌的时代，能否激发国人的爱国热情是评判一部文学作品好坏的重要标准。

【病例】

艺人在过去叫“戏子”，过去一贯遭白眼，社会地位不高，如今却受到青睐，就在这白眼与青睐之间，他们体味着人间的温暖。

【诊断】

“白眼”与“青睐”指的是相反的两面，“温暖”则是从一面说的，此处应改为包含正反两种态度的“冷暖”才对。全句应改为：艺人在过去叫戏子，过去一贯遭白眼，社会地位不高，如今却受到青睐，就在这白眼与青睐之间，他们体味着人间的冷暖。

【病例】

丰富而深厚的生活积累是我们能否创造出群众喜闻乐见的文学作品的关键。

【诊断】

主语“丰富而深厚的生活积累”是从正面一面说的，而宾语中的定语“能否创造出群众喜闻乐见的文学作品”是从正反两方面说的，犯了“一面与两面不搭配”的问题，应将句中的“能否”删去。全句应改为：丰富而深厚的生活积累是我们创造出群众喜闻乐见的文学作品的关键。

九、联合词组内部搭配不当

联合词组是指两个或两个以上的词不分主次且平等并列地组合在一起的短语。一般而言，联合词组中的各个词应该具有相同的词性，但也有例外，如名词和代词可以构成联合词组（如“他和老师”）。根据组合的情况及其所具有的语法功能的不同，联合词组又分别呈现名词性、动词性或者形容词性。为此，如果一个句子的联合词组内部搭配不当，很容易致使语病。

【病例】

水土流失的灾害是和这一带的地质构造、水文、下雨、植被等自然条件分不开的。

【诊断】

联合词组“地质构造、水文、下雨、植被”中的“下雨”是动词性词语，而其他都是名词性词语。因此，应把“下雨”改为名词“气候”。全句应改为：水土流失的灾害是和这一带的地质构造、水文、气候、植被等自然条件分不开的。

编辑应注意：按现代汉语语法要求，不同性质、不同范畴的词语，不能组成联合词组。

【病例】

我们应该多听取这些文学家、历史学家以及专家们的意见，切实做好这套丛书的出版工作。

【诊断】

“文学家”“历史学家”是种概念，“专家”是属概念，属种概念不能并列，本句犯了联合词组内部种属交叉的错误，应把“以及”改为“等”。全句应改为：我们应该多听取这些文学家、历史学家等专家们的意见，切实做好这套丛书的出版工作。

【病例】

这场战争大获全胜，共击落、击伤、缴获敌人飞机100多架、坦克30多辆。

【诊断】

这个句子犯了联合词组之间分承不当的错误。谓语“击落、击伤、缴获”是一个联合词组，宾语“飞机”“坦克”也是一个联合词组，它们之间构成了分承关系。但此句中，谓语词组中的“击落”只能和宾语词组中的“飞机”搭配，而不能和“坦克”搭配。为此，这个句子最好分为两句表达，改为：这场战争大获全胜，共击落、击伤敌人飞机100多架，击伤、缴获坦克30多辆。

编辑应注意：按汉语语法要求，谓语词组的每一个动词都应该能和宾语词组的每一个名词搭配。

十、关联词搭配不当

关联词是指在语句中起关联作用的词语，是作为连接分句、标明关系的词语。关联词一般分为并列关系、连贯关系、选择关系、递进关系、转折关系、假设关系、因果关系、条件关系、目的关系。复句通常会用一些关联词语来连接。

一般而言，关联词有它的固定搭配性，不能随意或胡乱搭配。有些关联词语搭配的对象不同，则表意功能也不同，如“不是”，与“而是”搭配表示并列，与“就是”搭配表示选择。如果违反这一原则，就容易产生语病。

【病例】

尽管管仲做了什么事，鲍叔牙总是能理解他。

【诊断】

这个句子犯了关联词固定搭配不当的语病。“不管……总是……”属于条件关系关联词，是固定搭配用法，不能随意搭配，应改前半句的“尽管”为“不管”。全句应改为：不管管仲做了什么事，鲍叔牙总是能理解他。

【病例】

为了加深对读书意义的理解，提高阅读水平，所以他们班举办了这次读书交流会。

【诊断】

“为了”表示目的关系，而后面的“所以”表示因果关系，属于搭配不当，应将“所以”删去，才能使分句间的目的关系明确起来。全句应改为：为了加深对读书意义的理解，提高阅读水平，他们班举办了这次读书交流会。

【病例】

人体受地球引力影响，不论在任何时候，也想找到一个支点来保持平衡。

【诊断】

这个句子犯了关联词固定搭配不当的语病。“不论……也……”属于搭配错误，“不论”应搭配“都”。全句应改为：人体受地球引力影响，不论在任何时候，都想找到一个支点来保持平衡。

【病例】

既然语言能生产物质资料，那么夸夸其谈的人就是世界上最富有的人了。

【诊断】

表面上看，“既然”与“那么”似乎可以搭配，表示推论因果关系，但分析句子意思得知，第一分句表示的客观原因并不一定真实，而是一种假设，为此，应将“既然”改为“如果”。全句应改为：如果语言能生产物质资料，那么夸夸其谈的人就是世界上最富有的人了。

链接 28

“尽管”和“不管（无论、不论）”的区别

区别一：

“尽管”与“但是”搭配，表示转折；“不管（无论、不论）”与“都”搭配，表示条件。

区别二：

“尽管”后面搭配的词语不能有选择性，应有确定性，如：“如此、这么、那”等；“不管（无论、不论）”后面搭配的词语往往有选择性，如：“如何、怎么、怎样、多么、谁”等，或是“是……还是……”“……或（或者）……”等。

【病例】

无论这里的工作条件再艰苦，我们也要在这里扎根下来坚持工作。

【诊断】

“无论”不能与“也”搭配，应将“无论”改为“即使”。全句应改为：即使这里的工作条件再艰苦，我们也要在这里扎根下来坚持工作。

编辑应注意：关联词语一般都是成对使用，如关联词“不是……而是……”“只要……就……”“只有……才……”“不管……都……”“尽管……也……”等等，应注意相关表述的规范使用，切忌随意搭配，造成语病。具体参见表7。

表7　复句类型与常用关联词语搭配一览表

复句类型	常用关联词语搭配
并列关系复句	也 既……又…… 既……也…… 不是……而是…… 一方面……另一方面……
连贯关系复句	就、便、后来、于是、接着、然后、那么
选择关系复句	或者(或、或是) 不是……就是…… 要么……要么…… 与其……不如…… 宁可……也(决)不……
递进关系复句	不但(不光、不仅)……而且(并且)…… 不但……还(也、又、更)…… 不但……反而(反倒)……
转折关系复句	不过、却、但(但是)、只是、可是、然而 虽然(虽是、虽说、固然、尽管)……但是(但、却、然而、可是)……
假设关系复句	如果(如、若、假如、假使、假若、如若、倘若、要是)……那么(就)…… 即使(就是、尽管、就算、哪怕、纵使、纵然)……也(还是、仍然)……
因果关系复句	因为(因、由于)……所以(因此、因而)…… 之所以……是因为…… 既然(既)……就(便、则、那么)……
条件关系复句	只要……就…… 除非……才…… 只有……才…… 无论(不论、不管、任凭)……都(还、也)……
目的关系复句	为着、为了、以免、以便、免得、以利于

第七讲

成分残缺

成分残缺是指一个句子缺少了某个必要的成分，该有的成分没有，不能称之为完整的句子。结构不完整的句子，不能通顺地表达意思，是一种语病。即是说，在一个句子中，如果应该有的成分没有，就会出现成分残缺的语病。

有时，长达几十字的句子，结构不一定完整；只有三五个字甚至一两个字的句子，结构不一定不完整。看一个句子结构是否完整，必须以表达意思的需要为依据。常见的成分残缺主要包括主语残缺、谓语残缺、宾语残缺、定语残缺、状语残缺、补语残缺、介词残缺、关联词残缺。

一、主语残缺

主语残缺句，不同于无主语句和主语省略句，无主语句和主语省略句是汉语中正常的句型，而主语残缺句是存有语病的句子。缺少主语，导致句子不通、表意不明的句子就是主语残缺句。主语残缺，一般包含以下几种类型：

（一）随意省略

【病例】

在复旦大学，有数以万计的学生直接聆听过陈老师的思政公共课，或者课后与陈老师探讨过哲理，或者私下与陈老师交流过人生，受到了陈老师的思想启迪。

【诊断】

这个复句包含四个分句。前三个分句是分述，最后一个分句是总说。总说的分句主语不能随意省略，省略了就会使句子不通畅，意思也表达不清楚。按现在的说法，读者可能以为受到陈老师思想启迪的只是向她交流过人生的那部分学生。事实上作者的原意并非如此，应在“受到”前面加上“他们都”。全句应改为：在复旦大学，有数以万计的学生直接聆听过陈老师的思政公共课，或者课后与陈老师探讨过哲理，或者私下与陈老师交流过人生，他们都受到了陈老师的思想启迪。

编辑应注意：有些时候，这种复句中各分句的主语虽然相同，但会出现随意省略的情形，应予补缺。

（二）转换句式或话题后的不当省略

【病例】

俄罗斯艺术家精湛的演出，获得了观众雷鸣般的掌声，对这次成功的演出给予了很高的评价。

【诊断】

这个句子前一分句的主语是“演出”，后一分句的主语并没有交代，这种省略会让读者有多种联想，是谁“对这次成功的演出给予了很高的评价”，是观众？是媒体？还是其他人士？应在“对”之前补上主语。全句可改为：俄罗斯艺术家精湛的演出，获得了观众雷鸣般的掌声，媒体对这次成功的演出给予了很高的评价。

【病例】

海难后，他们一家只剩下他的母亲、哥哥和嫂子，还生了两个孩子。

【诊断】

这个句子最后一个分句的主语是承接前面分句的宾语省略，而前面分句的宾语是“他的母亲、哥哥和嫂子”这个联合词组，是谁“生了两个孩子”，并没有表达清楚，属于滥用省略，直接导致主语缺失。从句子意思看，应是嫂子生了两个孩子，应补上主语“嫂子”。全句应改为：海难后，他们一家只剩下他的母亲、哥哥和嫂子，嫂子还生了两个孩子。

（三）介词或“介词……方位词”使用不当

【病例】

通过志愿者的讲解，给了我很大启发。

【诊断】

这个句子并非真正缺少主语，而是滥用介词“通过”，使主语丧失了本来的功能，应删掉“通过”，句子就有了主语。全句应改为：志愿者的讲解，给了我很大启发。

【病例】

由于产品质量的提高，为公司的发展创造了条件。

【诊断】

这个句子滥用了介词，使主语本来的功能丧失，应删掉“由于”，让句子有主语。全句应改为：产品质量的提高，为公司的发展创造了条件。

【病例】

将医用的废弃垃圾应集中销毁处理。

【诊断】

这个句子也是滥用介词，使主语缺失，应删掉介词“将”，让介宾短语的宾语“医用的废弃垃圾”作句子的主语。全句应改为：医用的废弃垃圾应集中销毁处理。

【病例】

从大量观测的事实中提醒我们，要掌握这个区域天气的变化情况，最好每小时都进行观测。

【诊断】

这个句子是滥用了“介词……方位词”句式——“从……中”，致使主语缺失，误作了介词短语中的宾语。应删掉“从”“中”，让“大量观测的事实”作主语。全句应改为：大量观测的事实提醒我们，要掌握这个区域天气的变化情况，最好每小时都进行观测。

【病例】

在王明错误路线的指挥下，致使中央苏区第五次反围剿失败，红军被迫实行战略转移。

【诊断】

同样地，还有“在……下”这一类介词结构，也不能作主语，会造成句子主语缺失，应删掉“在”“下”。全句应改为：王明错误路线的指挥，致使中央苏区第五次反围剿失败，红军被迫实行战略转移。

（四）误用使令动词

【病例】

看到防疫人员辛苦地奔波着，使我很受感动。

【诊断】

是谁“看到防疫人员辛苦地奔波着”呢？是什么“使我很受感动”呢？都没有交代清楚。这个句子中的主语本来是“我”，由于多用了动词“使”，把原来的主语掩盖了。只要把“使”删掉，“我”就可以充当前后两句的主语。还可以删掉“看到”，让“防疫人员辛苦地奔波着”这个短语充当全句的主语。全句可改为：看到防疫人员辛苦地奔波着，我很受感动。或者改为：防疫人员辛苦地奔波着，使我很受感动。

【病例】

一想到那场地震，就使我坐卧不安。

【诊断】

这个句子第二个分句因为使用了动词“使”而没有主语，可将“使”删去，让“我”作主语中心语，把“就”移至“我”之后。全句应改为：一想到那场地震，我就坐卧不安。

（五）介词及使令动词不当兼用

【病例】

通过“新课改”的推进实施，使得不少学校的课堂教学成效有了明显改观。

【诊断】

这个句子前半句用了介词“通过”，后半句用了使令动词“使得”，二者兼用导致句子缺少了主语。应该将介词“通过”删去，也可以把使令动词“使得”删去。全句可改为：通过“新课改”的推进实施，不少学校的课堂教学成效有了明显改观。或者改为：“新课改”的推进实施，使得不少学校的课堂教学成效有了明显改观。

编辑应注意：滥用介词或使令动词或二者兼有致主语残缺的现象不少见，具体纠错方法参见表8。

表8　滥用介词或使令动词或二者兼有致主语残缺的纠错方法

形态	主要表现	纠错方法
句首常滥用的介词	从、自从、由、往、朝、到、向、当、在、和、跟、与、同、以、用	如造成主语残缺，应删除
句首与句中常配合误用使令动词	由于、通过、经过……使、令、让、叫、要…… 关于、对于……使、令、让、叫、要…… 随着、根据……使、令、让、叫、要……	应删除其一，或删句首介词或删使令动词
“介词……方位词”句式	从……中、在……下、在……上、在……时	删“从”“中”、“在”“下”、“在”“上”、“在”“时”

注：类似介词可予参照类推。

（六）偷换主语

【病例】

《红楼梦》中，林黛玉到了荣国府，被丫鬟们簇拥着来到正房，把她送到老祖宗面前。

【诊断】

这个句子的主语本是“林黛玉”，但第三分句却偷换了主语，致使“把她……面前”缺失了主语，应将“把她”连同前面的逗号删去。全句应改为：《红楼梦》中，林黛玉到了荣国府，被丫鬟们簇拥着来到正房送到老祖宗面前。

【病例】

他是位尽职尽责的好老师，深受学生喜爱，并安排他担任教导处主任。

【诊断】

这个句子前两个分句的主语是“他”，而最后一个分句却偷换了主语。谁“安排他担任教导处主任”？可在第三分句前加“学校”，“并”可删去；也可改为“他被学校安排担任教导处主任的职务”。全句可改为：他是位尽职尽责的好老师，深受学生喜爱，学校安排他担任教导处主任。或者改为：他是位尽职尽责的好老师，深受学生喜爱，他被学校安排担任教导处主任的职务。

（七）主语定语较长

【病例】

开学的第一天，上数学课，一位戴着眼镜，方形脸，额头上有着几丝皱纹，约摸五十岁，和蔼可亲，带着微笑走进了教室。

【诊断】

“一位戴着眼镜，方形脸，额头上有着几丝皱纹，约摸五十岁”实际上均是缺失的主语的定语，所以在“五十岁”后应加上“的老师”或“的人”作主语，句子结构才能完整，句子意思也才能清晰表达。全句应改为：开学的第一天，上数学课，一位戴着眼镜，方形脸，额头上有着几丝皱纹，约摸五十岁的老师，和蔼可亲，带着微笑走进了教室。

【病例】

当前新闻界这种不注重真实性和社会效果、一味猎奇，严重地损害了媒体在人们心目中的形象。

【诊断】

这个句子主语部分有比较复杂的定语“当前新闻界这种不注重真实性和社会效果、一味猎奇”，但缺乏主语中心语，应在其后加“的现象”或“的做法”。全句应改为：当前新闻界这种不注重真实性和社会效果、一味猎奇的现象，严重地损害了媒体在人们心目中的形象。

链接 29

主语的省略情形

主语省略和主语残缺是不同的。主语残缺是一种语病，但主语省略不属于语病。

有时候主语是可以省略的，省略了的主语是什么，是可以明确的。即是说，即使省略了，也能够确定无疑地补出来，就是主语省略。而残缺的主语是什么则不明确。例如：

1. 她回到了家，（　　）马上就打开电脑处理邮件。（后一个分句省略了主语“她”，为承前面一个分句的主语省略的。）

2. 去年在扎尕那看到古朴粗犷的藏式民居，（　　）依山而建，（　　）外墙向上收缩。（后两个分句省略了主语“藏式民居”，为承前面一个分句的宾语省略的。）

3. 按他的资历，（　　）肯定能通过这次选聘。（后一个分句省略了主语“他”，为承前面介词结构中的定语省略的。）

4. （　　）走近了敦煌莫高窟，我们才清晰地体会到那些历久弥新的石窟文化对人类文明进步的重要影响。（前一个分句省略了“我们”，为蒙后面一个分句的主语省略的。）

此外，现代汉语中，还有一些句式，如非主谓句，语法上就不出现主语。例如：

动词性非主谓句，如：“走！”“干了！”“上课了。”“下雪了。”

“严禁垂钓。”“出去看看!”

形容词性非主谓句，如：“好香!”“太美了!”“真棒!”“好极了!”

二、谓语残缺

谓语残缺是指缺少谓语动词的残缺句子。因为谓语是陈述主语的，若谓语残缺，整个句子就不能立足，也就不清楚主语是怎么回事了。谓语残缺，包含以下几种情况：

（一）直接缺失谓语

【病例】

孩子们从小爱劳动的好习惯。

【诊断】

这个句子有一个动词“爱”似乎可以作谓语，但它放在“爱劳动”这个短语中，而“爱劳动”这个短语又是修饰“好习惯”的，全句其实没有谓语。这个句子应改为：孩子们要从小养成爱劳动的好习惯。

【病例】

中国人民正在努力为建设一个现代化的社会主义强国。

【诊断】

这个句子中的主语为“中国人民”，后面明显缺失谓语动词，应在句末补上“而奋斗”。全句应改为：中国人民正在努力为建设一个现代化的社会主义强国而奋斗。

编辑应注意：事实上，直接缺失谓语的句子，凭语感很容易发现语病。

（二）不恰当省略

【病例】

中国人民在一次次奋起反抗并取得伟大胜利的斗争中筑成了团结统一、自强不息的伟大民族精神。正是这种精神，中华民族才得以繁衍生息。

【诊断】

这个句子中的“正是这种精神”缺少谓语，使句子结构不合理，存有语病。从句子意思分析，应在“正是这种精神”后补“支撑”或“激励”等适合的谓语动词。全句可改为：中国人民在一次次奋起反抗并取得伟大胜利的斗争中筑成了团结统一、自强不息的伟大民族精神。正是这种精神的支撑，中华民族才得以繁衍生息。

【病例】

我们数千年的丰富的哲学思想为我们吸取不尽的滋养。

【诊断】

这个句子中，“吸取不尽的滋养”前面缺失了谓语动词，正是这种不恰当的省略造成这个句子存在语病。应在“吸取”前补上谓语“提供了”。全句应改为：我们数千年的丰富的哲学思想为我们提供了吸取不尽的滋养。

（三）将介词或其他词性误当谓语

【病例】

只要我们沿着正确的道路，任何艰难险阻都是可以战胜的。

【诊断】

这个句子中，前一分句的“沿”是介词，容易被误当作谓语动词。“沿着正确的道路”是介词短语，它可以作为谓语的一部分，但不能单独作为谓语。应在“道路”后补上“前进”等动词作谓语中心语。全句应改为：只要我们沿着正确的道路前进，任何艰难险阻都是可以战胜的。

【病例】

按照市领导提出的几点希望，也是搞好党风廉政建设的一项重要工作。

【诊断】

这个句子中，介词“按照”被误认为是动词，造成了谓语残缺，应在“按照市领导提出的几点希望”之后补上谓语“去做”。全句应改为：按照市领导提出的几点希望去做，也是搞好党风廉政建设的一项重要工作。

【病例】

“农民喜爱的百种图书”投票由中央宣传部、农业农村部和国家乡村振兴局主办开展的投票活动，到今年已经开展了4次。

【诊断】

这个句子中，“投票活动”是宾语，“由中央宣传部、农业农村部和国家乡村振兴局主办开展”是定语，误将该定语当作谓语，从而导致宾语“投票活动”缺少与之搭配的谓语动词，应该在“由”前面加上动词“是”作谓语。全句应改为：“农民喜爱的百种图书”投票是由中央宣传部、农业农村部和国家乡村振兴局主办开展的投票活动，到今年已经开展了4次。

（四）中途转换话题

【病例】

班主任蔡老师走在去学校的路上，突然有一个穿着警服的人向他走过来。

【诊断】

这个句子中，前一分句只出现了主语和状语，还没有出现谓语，后一分句却急忙转换话题去说下一句话，去表达另一个意思，造成前一个分句谓语残缺。可在“突然”后加上“看见”。全句可改为：班主任蔡老师走在去学校的路上，突然看见有一个穿着警服的人向他走过来。

【病例】

参加研发“嫦娥四号”的全体科技工作者，在相关部门的大力支持下，在全国人民热切关注中，经过不懈努力，“嫦娥四号”终于成功登月。

【诊断】

这个句子中，“在……下”“在……中”“经过……”都是状语，可将本句缩句为“工作者，……，‘嫦娥四号’……成功登月”，而前面“工作者”如何还未交代，就突然转移话题说“嫦娥四号”成功登月，导致句子缺少与“工作者”搭配的谓语。应将“参加研发‘嫦娥四号’的全体科技工作者”移至“经过”之后，并在后面加上“的”，使之成为状语的一部分；也可将句末改为“终于让‘嫦娥四号’成功登月”。全句可改为：在相关部门的大力支持下，在全国人民热切关注中，经过参加研发“嫦娥四号”的全体科技工作者的不懈努力，“嫦娥四号”终于成功登月。或者改为：参加研发“嫦娥四号”的全体科技工作者，在相关部门的大力支持下，在全国人民热切关注中，经过不懈努力，终于让“嫦娥四号”成功登月。

（五）介词和名词词序错位

【病例】

这些爱国青年自从接受了马克思列宁主义之后，激发了爱国热情和革命信心，组织了一系列的爱国救亡运动。

【诊断】

这个句子中，介词“自从”和名词“这些爱国青年”词序错位，造成主语“这些爱国青年”没有谓语。从句子意思看，应把“自从”和“这些爱国青年”的词序调换一下，组成复杂的介词结构“自从这些爱国青年接受了马克思列宁主义之后”，以用来表示时间，充当全句的状语。全句应改为：自从这些爱国青年接受了马克思列宁主义之后，激发了爱国热情和革命信心，组织了一系列的爱国救亡运动。

【病例】

大家在共同的努力下，这两个月的营销业绩终于有了大幅提升。

【诊断】

这个句子中，前半句因为介词“在”和名词“大家”词序颠倒而缺少了谓语造成语病。应改为“在大家共同的努力下”，以用来表示状态，充当全句的状语。全句应改为：在大家共同的努力下，这两个月的营销业绩终于有了大幅提升。

（六）“‘的’+单句”结构致前述对象缺失谓语

【病例】

现在的年轻人很少还像以前年轻人那样的闲情逸致，能把一本书从头看到尾。

【诊断】

“年轻人”缺少谓语，应该将“像以前年轻人那样的闲情逸致”中的“的”改为谓语动词“有”。全句应改为：现在的年轻人很少还像以前年轻人那样有闲情逸致，能把一本书从头看到尾。

【病例】

日寇飞机的狂轰滥炸和内战炮火的日夜轰击，上海满目疮痍。

【诊断】

这个句子的前半句可作谓语的动词因前面加了“的”字而成了偏正词组的中心词，前后句因语言结构不搭配而造成谓语残缺。全句可改为：日寇飞机的狂轰滥炸和内战炮火的日夜轰击，使上海满目疮痍。或者也可将前半部分“的”字结构改为短句，全句可改为：日寇飞机狂轰滥炸，内战炮火日夜轰击，上海满目疮痍。

（七）误把名词或名词性短语作谓语

【病例】

这套科普丛书是由她的导师主编，她和她的几个学生副主编，兰州大学出版社出版的。

【诊断】

“主编”一词可以作动词，也可以作名词。这个句子中，“由……主编”是可以说的，但“副主编”是名词，“由……副主编”这种表述不能成立，应在“副主编”前加动词“担任”或“任”。全句可改为：这套科普丛书是由她的导师主编，她和她的几个学生担任副主编，兰州大学出版社出版的。

【病例】

晚上收工后，老板就请大家到饭馆夜宵。

【诊断】

“夜宵”是名词，这个句子中，误把“夜宵”当作谓语使用以致缺少谓语，应在宾语“夜宵”前加上动词“吃”。全句应改为：晚上收工后，老板就请大家到饭馆吃夜宵。

链接 30

谓语的省略情形

谓语省略和谓语残缺也是不同的。谓语残缺也是一种语病；但有时候谓语是可以省略的，则不属于语病。

有时候，在对话的应答句中或在祈使句中，谓语是可以省略的。例如：

1. “明天谁去开会？”“我（　　）。”（应答句省略了谓语“去”。）

2. 你（　　）谁呀？（省略了谓语“是”。）

3. 你俩要想回就快点儿（　　）。（这是紧缩复句，后面省略了谓语“回”。）

此外，名词性非主谓句也没有谓语，如打招呼的“白医生！”和表达感受的“好香的花！”。它不是缺少谓语，而是根本就没必要出现谓语，因其本身的意义已完整，在语义上并不缺少什么，也没有谓语可以被省略。

不过，一些宣传标语，比如“为了明天　为了孩子”，这种标题的表述不属于谓语残缺类的病句，因存有特殊的语境，允许对语句进行艺术性的、简略性的改造，这是语言使用中的特殊情况。

三、宾语残缺

宾语残缺是指句子中需要带宾语的动词或介词没有带宾语，或不符合省略的条件而缺少应有的宾语成分，造成句子结构不完整、表意不明确的现象，从而造成语病。

需要说明的是，及物动词误作不及物动词也会造成宾语残缺，这一点在“第三讲　词性误用”中已有阐述，此处不再赘述。除此外，宾语残缺，还包含以下几种情况：

（一）省略不当

【病例】

凡借了本图书馆科技类图书的职工，请于年底前归还。

【诊断】

这个句子的“主干”为“……职工……归还”。谓语动词“归还”缺少与之搭配的宾语。而“借了本图书馆科技类图书”是“职工”的定语，下文不能承这个定语省略“归还”的宾语，应在句末“归还”后加上“图书”作宾语。全句应改为：凡借了本图书馆科技类图书的职工，请于年底前归还图书。

【病例】

句子按内部结构的不同来分，一般可分为单句和复句。

【诊断】

从严谨角度来看这个句子，“分为”什么？是缺宾语的，应该加上“两种”，补全这个宾语，以明确句子意思，使句子表述更为规范。全句应改为：句子按内部结构的不同来分，一般可分为单句和复句两种。

编辑应注意：书稿加工中，这类随意省略宾语但读起来似乎问题不大的句子，其实是存在语病的，应引起重视。

（二）前面的定语过长

【病例】

这个小品表达了同学们要以实际行动向榜样学习，以优异的成绩向党和人民汇报成果。

【诊断】

如果宾语前面的定语成分过长，就会让人误把宾语的定语当作宾语，从而造成句子的宾语残缺。这个句子中，“表达”缺少宾语，“以……学习，以……汇报成果”并非该句的宾语，而是缺失了宾语的定语，正因这个定语过长，让人误以为是宾语以致语病，应在句末加上“的决心”一类的词语充当宾语，以使句子完整。全句应改为：这个小品表达了同学们要以实际行动向榜样学习，以优异的成绩向党和人民汇报成果的决心。

【病例】

进入新世纪，传统的出版业遭遇了以互联网技术、数字化阅读技术为代表的信息技术，呈现了复杂多变的局面，致使传媒结构发生了一些微妙变化。

【诊断】

这个句子中，“以……为代表的信息技术”是一个很长的定语，由于它过长，以致表达这句话的人忘记了它所修饰的宾语。出版业“遭遇了……信息技术”的什么？没有交代清楚。根据句子意思，应该在“信息技术”的后面加一个“的冲击”之类的动词作宾语。全句可改为：进入新世纪，传统的出版业遭遇了以互联网技术、数字化阅读技术为代表的信息技术的冲击，呈现了复杂多变的局面，致使传媒结构发生了一些微妙变化。

【病例】

他情不自禁想起当年在这个深山老林里和当地的山民一起挖野菜，吃糙米，点油灯，睡土床。

【诊断】

“想起”后面缺失宾语“的情景”。原因就是定语较长，过于复杂，字数较多，以致表达这句话的人忘记了宾语，应在句末“睡土床”的后面加上“的情景”。全句应改为：他情不自禁想起当年在这个深山老林里和当地的山民一起挖野菜、吃糙米、点油灯、睡土床的情景。

【病例】

2022年北京冬奥会向世界展示了可亲、可敬、可爱的中国形象，表达了中国人民对内致力于迎难而上，实现中华民族伟大复兴中国梦，对外努力建设和平和希望的美好世界。

【诊断】

“表达”后面缺失宾语。“表达”什么？被后面过长的定语掩盖，致使这句话的表达有头无尾，成分残缺。应在句末“世界”后面加上“的愿望”以纠正残缺宾语的语病。全句可改为：2022年北京冬奥会向世界展示了可亲、可敬、可爱的中国形象，表达了中国人民对内致力于迎难而上，实现中华民族伟大复兴中国梦，对外努力建设和平和希望的美好世界的愿望。

【病例】

政府主导，媒体宣传和监督，社会各界携手共同帮扶，是解决农村留守儿童所面临的失衡、失管、失教问题。

【诊断】

"解决……问题"其实是宾语的定语，作者误把宾语的定语当成了宾语。应该在"解决……问题"后面加上"的关键"或"的有效办法"等，产生一个名词性的定中短语，充当"是"的宾语。全句可改为：政府主导，媒体宣传和监督，社会各界携手共同帮扶，是解决农村留守儿童所面临的失衡、失管、失教问题的关键。或者改为：政府主导，媒体宣传和监督，社会各界携手共同帮扶，是解决农村留守儿童所面临的失衡、失管、失教问题的有效办法。

【病例】

就是远处那个人，最近我读过他写的一篇记录路遥去世时的情况，文中说他曾是个记者。

【诊断】

"最近我读过他写的一篇记录路遥去世时的情况"的后面缺失宾语"的文章"，应加上。全句应改为：就是远处那个人，最近我读过他写的一篇记录路遥去世时的情况的文章，文中说他曾是个记者。

（三）当宾语的联合短语中残缺成分

【病例】

近几日，各大媒体相继报道了骗取老人购买保健品事件及其造假。

【诊断】

将这个句子缩句，为"……媒体……报道了……事件及其造假"。宾语为联合短语"骗取老人购买保健品事件及其造假"。"报道事件"能说，但"报道造假"不能说，应在句末"造假"后加上"的过程"以补全宾语。全句应改为：近几日，各大媒体相继报道了骗取老人购买保健品事件及其造假的过程。

（四）缺少与介词搭配的宾语

【病例】

那些在各个行业以积极进取、勇于开拓对待工作的人，才是我们学习的榜样和力量。

【诊断】

这个句子中，介词“以”缺少宾语中心语，“积极进取、勇于开拓”是形容人的精神品质的，根据这一点，应在“勇于开拓”后加上“的精神”，与“以”相呼应，才能使表达的句子意思完整。全句应改为：那些在各个行业以积极进取、勇于开拓的精神对待工作的人，才是我们学习的榜样和力量。

【病例】

野生动物园根据鸵鸟布置了鸵鸟所需要的生活场地。

【诊断】

这个句子中，介词“根据”不能与“鸵鸟”搭配，缺少宾语中心语，应该改为“根据鸵鸟的习性”。全句应改为：野生动物园根据鸵鸟的习性布置了鸵鸟所需要的生活场地。

【病例】

这个地方的人们对腐败与黑恶见怪不怪。

【诊断】

这个句子中，介词“对”不能同“腐败与黑恶”搭配，缺少宾语中心语。介词“对”后面要承相关联的对象，才能形成介词结构作状语，应在“黑恶”后面加上“势力”或“现象”等词。全句可改为：这个地方的人们对腐败与黑恶势力见怪不怪。

四、定语残缺

定语作为句子的修饰成分，从逻辑上讲，即限制成分。从语法上讲，作为修饰成分的定语并非必不可少的句法成分，一个句子是否有定语残缺

的语病，往往是基于语义方面的考虑；但它对语义的准确表达起着重要作用，因此，正常情况下也不能缺失。什么时候需要定语，定语从哪些方面对中心语进行限定或描写，主要应看句子的语义是否完整。

定语残缺即指句子中某成分缺少必要的定语，或者定语结构不完整。定语残缺的情况包含以下几种：

（一）省略不当

【病例】

椰子是一种亚热带水果，蛋白质含量较高。

【诊断】

“蛋白质”前缺定语“椰汁的”，应补上该定语，以使语义更完整、准确。全句应改为：椰子是一种亚热带水果，椰汁的蛋白质含量较高。

（二）定语缺少必要成分

【病例】

如果幸福是朋友，那么悲伤就是老师；如果幸福带来善良和感恩，那么悲伤就带来成熟和磨炼。不懂的人常常是没思想的人。

【诊断】

“不懂的人”究竟是指不懂什么的人？没有交代清楚。从前后句看，既可以指不懂“幸福”的人，也可以指不懂“悲伤”的人。应根据上下文语境分析，补全句子意思。全句可改为：如果幸福是朋友，那么悲伤就是老师；如果幸福带来善良和感恩，那么悲伤就带来成熟和磨炼。不懂幸福的人常常是没思想的人。

【病例】

在科技馆的3D体验中心，你能学到课堂学不到的知识。

【诊断】

修饰中心语“知识”的定语为“课堂学不到”。课堂是没有生命的，此处并非在用拟人的修辞手法，所以这一定语显然不成立。从整个句子来看，“课堂”应该是主语“你”所学知识的来源之一，定语应改为“在课堂中学不到”。全句应改为：在科技馆的3D体验中心，你能学到在课堂中学不到的知识。

（三）中心语缺少必要限定语

【病例】

这场讲座开拓了境界。

【诊断】

这个句子从语法上看，结构是完整的，不缺成分；但是从语义上讲，句子意思并不完整。“开拓了境界”是指开拓了什么境界呢？“开拓”直接支配“境界”，而没有定语限制、修饰，显得空洞乏力，没有说服力。即是说“境界”前没有限定成分，使得整个句子信息量不足，应在“境界”前加上必要的限定性定语，如“我的思想”“我的精神”等。全句可改为：这场讲座开拓了我的思想境界。

五、状语残缺

状语也是句子的附加成分，是用来修饰和限制谓语的，状语对语言的准确表达非常有帮助，所以也不能缺失。状语缺失的类型主要有以下几种：

（一）直接缺失状语

【病例】

为了这个目标，他们废寝忘食地苦干了五年。

【诊断】

“目标”缺失状语，应改为“为了实现这个目标”。全句应改为：为了实现这个目标，他们废寝忘食地苦干了五年。

【病例】

“天道酬勤”，小黄总是自勉。

【诊断】

“自勉”前缺状语，应加上“以此”，在句中作状语。全句应改为：“天道酬勤”，小黄总是以此自勉。

（二）状语缺少必要成分

【病例】

每当想到当年的川藏线历险经历，他就激动不已。

【诊断】

介词“当”应该与“时候”或“时”等词共同构成介词短语，在这个句中作状语，故应该在“经历”后面加“时候”或“时”。全句应改为：每当想到当年的川藏线历险经历时，他就激动不已。

（三）忽略修饰对象或内容

【病例】

我们一一下车，他就过来一一握手。

【诊断】

由于“一一握手”前面缺少了状语，我们无法知道他在和谁握手，为此，应该加上状语以限制、修饰。从句子意思分析，可以加上“与我们”或者“和欢迎他的人们”。全句可改为：我们一一下车，他就过来与我们一一握手。

【病例】

演出一结束，家长们就围过去拥抱庆贺。

【诊断】

“拥抱庆贺”的对象没有指明，表意不完整，可在“拥抱庆贺”前面加上“同孩子们”。全句应改为：演出一结束，家长们就围过去同孩子们拥抱庆贺。

【病例】

卓别林走到哪里总有一大群孩子围着他，请他讲故事，做游戏。

【诊断】

由于“做游戏”缺少必要的状语，似乎可以理解为是卓别林做游戏给孩子们看，但做游戏肯定是集体行为，一个人无法做游戏，应在“做游戏”前面加上“和他一起”。全句应改为：卓别林走到哪里总有一大群孩子围着他，请他讲故事，和他一起做游戏。

（四）前后句表意不协调

【病例】

他的数学成绩在班里名列前茅，可谁知这次却考了倒数第五。

【诊断】

很容易发现这个句子前后表意矛盾，这就是残缺状语的典型特征，如不对谓语加以明确限制，就会造成句子语病。可将前半句的状语补上，即在“数学成绩”之后补上“平时”或“一向”等，这样处理后，句子想表达的意思就准确了。全句可改为：他的数学成绩平时在班里名列前茅，可谁知这次却考了倒数第五。

【病例】

一个人的看法代表他自己，你认为好的东西或许在别人眼里就未必好。

【诊断】

前半句的“代表”前面同样残缺状语，以致与后半句的表意不协调。根据句子意思判断，在“代表”前加上“只能”，就能使整个句子表意明确了。全句应改为：一个人的看法只能代表他自己，你认为好的东西或许在别人眼里就未必好。

六、补语残缺

补语也是句子的附加成分。一个句子在谓语发生后，常需要给它一个补充评价或限制。如果缺少必要的补语，句意就会表达不清，造成一种态度模糊、评价不清的感觉。补语残缺主要也是由于句意明显没有表达清楚所致。

【病例】

庭院里的小树长了。

【诊断】

这个句子中，只说“小树”长了，是想表达长高了吗？还是什么？模棱两可，没有表达清楚，给人造成一种含糊、不明朗的感觉。应在“长”

后加上状语“高”或“大”之类的修饰词限制，句子表达的意思才能明确。全句可改为：庭院里的小树长高了。

【病例】

这么大的孩子就是不让人省心，去外地找工作也不打声招呼，这都去了。

【诊断】

“这都去了”后面并没说完，句意没有表达清楚，即是缺少表示时间的补语所致的语病，可在句末加上“好多天”等类似的词。全句应改为：这么大的孩子就是不让人省心，去外地找工作也不打声招呼，这都去了好多天了。

【病例】

管理给企业带来的变化，突出地表现在全厂严把质量关，上下争创名牌产品。

【诊断】

这个句子的补语由介词短语充当，介词“在”之后应有方位名词与之呼应，而这个句子没有，故可以在句末加“上”，构成介词短语“在……上”，才能使句子意思明确。全句应改为：管理给企业带来的变化，突出地表现在全厂严把质量关、上下争创名牌产品上。

【病例】

市政府下大力气实施“菜篮子”工程，确保市民在双节期间能吃新鲜蔬菜。

【诊断】

这个句子所犯的语病也是补语由介词短语充当，但在介词“在”之后没有与之呼应的方位名词，应在“吃”后面加“上”，句子语法才能正确。全句应改为：市政府下大力气实施“菜篮子”工程，确保市民在双节期间能吃上新鲜蔬菜。

七、介词残缺

简单说，介词就是起介绍作用的词。介词虽然是一个虚词，不能单独充当句子成分，但常常用在名词、代词或名词性质的短语前面，与这些词合起来表示方向、对象等。

介词残缺，是指该用介词而未用，致使相关成分之间的语义关系发生变化。一旦介词残缺，就会造成句子的状语、定语、补语的缺少或不全，从而使句子表意不明，或者造成所表达的意思与本意不符。

【病例】

她因不堪忍受长期家暴，便投诉市妇联，要求市妇联帮她伸张正义。

【诊断】

这个句子所表达的意思是“她投诉家暴行为”，也就是说投诉的受事非“市妇联”，“市妇联”只是“投诉”这个行为所关涉的对象。正因为缺少介词，“市妇联”便从行为所关涉的对象变为受事，从而导致句子所表达的意思与中心意思不符。应该在“市妇联”前面加上介词“向”，再一并移至“投诉”之前，删去“便”。全句应改为：她因不堪忍受长期家暴，向市妇联投诉，要求市妇联帮她伸张正义。

【病例】

他一直想不明白，怎么就和自己曾经共过患难的朋友天各一方了呢？

【诊断】

这个句子也是因为缺少一个介词而造成语病。应该在“和”字的后面加上“与”字，以使句子结构完整、句意明确。全句应改为：他一直想不明白，怎么就和与自己曾经共过患难的朋友天各一方了呢？

编辑应注意：这个病例具有一定隐蔽性，容易一读而过，惯于忽视，实际上缺少了必要的介词。

【病例】

农民工除了关注工资待遇外，对工作环境和社会保障方面也越发重视，那些环境恶劣、保障缺失的企业，他们将说“不”。

【诊断】

在“那些环境恶劣、保障缺失的企业”前缺少介词“对”，进而导致该句主语不一致。全句应改为：农民工除了关注工资待遇外，对工作环境和社会保障方面也越发重视，对那些环境恶劣、保障缺失的企业，他们将说“不”。

【病例】

5G时代到来后，给我们生活带来便利的同时，更强调要改变整个互联网生态圈为创新生活的起点。

【诊断】

因为缺少和后半句“为”搭配的介词“以”，导致本来应该成为状语部分的“改变整个互联网生态圈”成了“为”的主语。然而，“改变整个互联网生态圈为创新生活的起点”搭配不当，应该在“改变”前面加上介词“以”。全句应改为：5G时代到来后，给我们生活带来便利的同时，更强调要以改变整个互联网生态圈为创新生活的起点。

八、关联词残缺

关联词可以将两个或两个以上意义相关、结构独立的分句连接起来，构成复句，起到“承上启下”的作用。它们用来标明分句间的抽象关系，可以作为某类复句特定形式的标志。有的复句中分句之间的关系，必须用关联词语才能表达清楚，就应该准确使用关联词语；如果关联词语残缺，也会使句子产生歧义或表意不明，甚至前后句意不连贯。

【病例】

尽管不影响质量，他们仍坚决销毁重来。

【诊断】

这是一个转折关系复句，先让步后转折，前半句预示着后半句将有转折，突出强调了前事可能影响后事，但实际上后事并未受到前事影响，后半句开头应该加上关联词“可是”，或者把“仍”换成“却”，以准确表达转折句意。全句可改为：尽管不影响质量，可是他们仍坚决销毁重来。或者改为：尽管不影响质量，他们却坚决销毁重来。

【病例】

他虽然没有高学历，爱钻研，现在已经能写小说了。

【诊断】

这是一个表达转折关系的句子，正因为关联词残缺，句子读起来不明就里。句子中已有“虽然”，缺少“但是”，可以用关联词“虽然……但是……”补充完整，在“爱钻研”前加上“但是”即可。全句应改为：他虽然没有高学历，但是爱钻研，现在已经能写小说了。

【病例】

这个女人不但给他带来了从未有过的关爱和温暖，帮助他在事业上也取得了进步。

【诊断】

这是一个表达递进关系的句子，缺少了关联词，应在后一分句加上“而且”，与“不但”搭配，才能使句子意思表达完满。全句应改为：这个女人不但给他带来了从未有过的关爱和温暖，而且帮助他在事业上也取得了进步。

九、固定表述中的成分残缺

现代汉语中有许多固定格式，它们表示一定的语法意义。使用这些固定格式时，一般不能缺失其中的某一成分，否则就会造成语义和结构上的不完整，句子一般也不会通顺。因为违反了这一规律，又没有特定的语用需要，就会造成病句。

【病例】

好话都没说，还说他能感激谁呢?

【诊断】

“一……也/都+不/没”是个固定格式，表示“甚至”的意思，有语气加强的作用，但这个句子中，缺失了“一”。应在“好话”的前面加上“一句”，句意才能明晰完整。全句应改为：一句好话都没说，还说他能感激谁呢?

【病例】

豆大的字都不认得一个，哪能会写自己的名字?

【诊断】

“连……都/还”是个固定格式，表示“强调”的意思，但这个句子中，缺失了“连”。应在“豆大”的前面加上“连”，句意才能表达清楚。全句应改为：连豆大的字都不认得一个，哪能会写自己的名字?

【病例】

像最近这种闷热的天气，出不了几天，雨非下下来的。

【诊断】

“非……不可/不成/不行”是个固定格式，表示“一定要这样”的意思，但这个句子中，句末缺失了“不可”。全句应改为：像最近这种闷热的天气，出不了几天，雨非下下来不可。

【病例】

你要明白一个道理，除了爱情，生活还有诗和远方。

【诊断】

“除了……外/以外/而外/之外”是固定格式，表示“不计算在内”的意思，但这个句子中，缺失了“外”，应改为“除爱情外”。全句应改为：你要明白一个道理，除了爱情外，生活还有诗和远方。

【病例】

在国外流亡的每一天，他都被生活苦尽了。

【诊断】

“被/为……所”是个固定格式，表示一种被动状态。这种格式中，“所”后面的谓语动词不能再跟别的成分。若谓语动词是双音节的，“所”可以省略；若谓语动词是单音节的，“所”不能省略，并具有书面色彩。这个句子中，“苦”是单音节的，所以“所”字不能缺少，句末的“苦尽了”多余，应删掉。全句应改为：在国外流亡的每一天，他都被生活所苦。

【病例】

实验室的成员们正在为新的一组生物技术的研发成功日夜操劳。

【诊断】

“为……而”是个固定格式，表示原因或目的，在句子中作状语，但这个句子中，缺少了“而”，应补。全句应改为：实验室的成员们正在为新的一组生物技术的研发成功而日夜操劳。

【病例】

刘慈欣对我们并不陌生，他是一位年轻的科幻作家。

【诊断】

“对/对于……来说”是固定格式，表示从某人、某事的角度看问题。这个句子中，缺少了“而言”“来说”之类的词，应补。全句应改为：刘慈欣对我们而言并不陌生，他是一位年轻的科幻作家。

【病例】

大熊猫一走出来，就淹没在小朋友一片欢呼声。

【诊断】

“在……里/中”是固定格式，表示范围或方位，但这个句子中缺失了“里”或“中”，应补，在句末“欢呼声”后加“中”。全句应改为：大熊猫一走出来，就淹没在小朋友一片欢呼声中。

【病例】

回忆小时候，在打弹弓、捉迷藏、跳皮筋、讲鬼故事、滚铁圈等那些玩儿的事，我们有多少说不完的话啊！

【诊断】

“在……上/方面”是固定格式，表示范围，但这个句子中，缺失“上”或“方面”，应补，在“那些玩儿的事”后加“上”。全句应改为：回忆小时候，在打弹弓、捉迷藏、跳皮筋、讲鬼故事、滚铁圈等那些玩儿的事上，我们有多少说不完的话啊！

【病例】

谁能想到，他这些成果，都是在他被打成“右派”，不准他再搞科研的情况取得的。

【诊断】

“在……下”是固定格式，表示条件，但这个句子中，缺失“下”，应补，末句改为“不准他再搞科研的情况下取得的”。全句应改为：谁能想到，他这些成果，都是在他被打成“右派”，不准他再搞科研的情况下取得的。

【病例】

当我睡不着，我总是会怀念过去，希望回到以前的美好时光。

【诊断】

“当（在）……时/的时候”是固定格式，表示时间，但这个句子中，缺失“时”或“的时候”，应补，首句改为“当我睡不着时”或“当我睡不着的时候”。全句可改为：当我睡不着的时候，我总是会怀念过去，希望回到以前的美好时光。

【病例】

从化敌为友的观点，你应该把他转化为你的朋友而不是一直当敌人。

【诊断】

“从……出发/看（来）”是固定格式，表示根据或凭借，但这个句子中，缺失“看”或“出发”之类的词，应补。全句应改为：从化敌为友的观点看，你应该把他转化为你的朋友而不是一直当敌人。

【病例】

造型师把这个女演员的一头秀发剃光头。

【诊断】

“把……动词+成/为/成为”是固定格式，表示成为某种状态的意思，但这个句子中，缺失“成”，应补。全句应改为：造型师把这个女演员的一头秀发剃成了光头。

【病例】

朱熹学术上的成就是集北宋哲学家程颢和程颐兄弟关于理气的学说。

【诊断】

“集……之大成”是固定格式，表示集中某类事物的方面而达到相当完备的程度，但这个句子中，缺少了“之大成”。应在“学说”后加上“之大成”。全句应改为：朱熹学术上的成就是集北宋哲学家程颢和程颐兄弟关于理气的学说之大成。

第八讲

成分赘余

成分赘余，一般而言，是指句子表达得累赘拖沓、重复多余。它的主要特征就是用词语义重复或句子中出现了重复的表达内容。

通俗讲，句子结构已经完整，句意已经明确，若再多一些词语或不该有的成分，就会出现重复多余的语病，造成意思不通，不便于理解。

一、主语赘余

主语赘余，泛指主语多余的句子，表现通常是主语堆砌、词义重复，而实际上前后两个主语所指的是同一事物。具体包括以下类型：

（一）遗忘主语

【病例】

他们三年级的同学都爱上体育课，在上体育课时，通常来说，他们都能按时出勤。

【诊断】

这个句子，先说了主语“他们三年级的同学”，紧接着就说了状语“在上体育课时”，然后是插入语“通常来说”，插入语之后又开始说另一个主语“他们”怎么样，导致第一个分句缺谓语。实际上，后一个主语“他们”等同于前一个主语“他们三年级的同学”，没必要重复，应把后一个主语“他们”删掉。全句应改为：他们三年级的同学都爱上体育课，在上体育课时，通常来说，都能按时出勤。

编辑应注意：一个句子本来就有主语，一般是句子较长，前一个主语说出后，紧接着有一个较长、较复杂的状语，作者可能忘了前面的主语，往下说时又另外起头，再来一个主语，就会造成主语多余。审稿时应多注意此类情况。

（二）并列不当

【病例】

经过企业化改制，这个单位的人员安排、生产目标及各科室人员的配置，都顺利完成。

【诊断】

这个句子的主语是“这个单位的人员安排、生产目标及各科室人员的配置”，然而，“单位的人员安排”包含“各科室人员的配置”，明显并列不当，属于赘余，应将“及各科室人员的配置”及后面的逗号删掉。全句应改为：经过企业化改制，这个单位的人员安排、生产目标都顺利完成。

（三）语义重复

【病例】

漫山遍野到处都是牛、羊、马、鹿……

【诊断】

“漫山遍野”与“到处”语义重复。“漫山遍野”就是指遍布山野，已有“到处”的意思，“都”也多余，应将“到处都”删掉。全句应改为：漫山遍野是牛、羊、马、鹿……

【病例】

小城的变化太快了，只过了一年时间，又一处高楼大厦的建筑拔地而起。

【诊断】

“建筑”与“一处高楼大厦”语义重复，应删掉“的建筑”。全句应改为：小城的变化太快了，只过了一年时间，又一处高楼大厦拔地而起。

【病例】

一幕幕往事的回忆就像昨天发生的一样，令她潸然泪下。

【诊断】

“回忆”和“往事”语义重复，可以删除“的回忆”，保留“往事”。全句应改为：一幕幕往事就像昨天发生的一样，令她潸然泪下。

【病例】

新时代的科研人员，一般而言，他们都应该具备深入钻研的精神和很强的自学能力。

【诊断】

主语“他们”与“新时代的科研人员”重复，属于主语赘余，应删去“他们”。全句应改为：新时代的科研人员，一般而言，都应该具备深入钻研的精神和很强的自学能力。

【病例】

由于他们都有明确的学习目标，他们这些刚进入高校的学生学习都很刻苦。

【诊断】

两个主语“他们”显然与“进入高校的学生”语义重复，属于主语赘余，应删掉两个“他们”，才能使句子语法合乎规范。全句应改为：由于都有明确的学习目标，这些刚进入高校的学生学习都很刻苦。

二、谓语赘余

有些句子已经有一个动词作谓语，再加上一个动词就会造成谓语赘余。谓语赘余的具体类型包括以下几种：

（一）语义重复

【病例】

这个孩子很努力，从当初一个“后进生”考到现如今班级的第十名，确实可说堪称不易。

【诊断】

这个句子的谓语部分，“可说”与“堪称”语义重复，“堪称”就是可说、可称，为此，“可说”和“堪称”应删掉其一。全句可改为：这个孩子很努力，从当初一个“后进生”考到现如今班级的第十名，确实可说不易。或改为：这个孩子很努力，从当初一个“后进生”考到现如今班级的第十名，确实堪称不易。

【病例】

小王亲眼目睹了爸爸被一辆大货车撞倒的过程。

【诊断】

“亲眼”和“目睹”语义重复，因为“目睹”就是“亲眼看到”。应删去“亲眼”；或删去“目睹”，在“亲眼”后加“看到”。全句应改为：小王目睹了爸爸被一辆大货车撞倒的过程。或改为：小王亲眼看到了爸爸被一辆大货车撞倒的过程。

（二）含多个谓语动词

【病例】

近五年来，我国的电子图书购买率和阅读率均发生了快速增长。

【诊断】

这个句子中，有“发生”和“增长”两个谓语动词。如将“发生”看作全句的谓语动词，则它的后面应接名词，如“变化”等，而“快速增长”是状中短语，不符合这点；如将“增长”看作全句的谓语动词，则“我国的电子图书购买率和阅读率均快速增长”本来就是一句完整的话，“发生了”就成了赘余成分。所以，本句应删除“发生了”。全句应改为：近五年来，我国的电子图书购买率和阅读率均快速增长。

编辑应注意：这种谓语赘余的情况很多时候还会导致句式杂糅，应注意纠错。

【病例】

根据所学知识，参考相关资料，尝试写一篇历史短评，任选一篇，对其提出质疑或辩驳。

【诊断】

这个句子的后半段，有“提出”和“质疑”两个谓语动词。“质疑”的本意就是“提出问题”，显然与其前面的“提出”重复，为赘余，应删去“提出”。全句应改为：根据所学知识，参考相关资料，尝试写一篇历史短评，任选一篇，对其质疑或辩驳。

编辑应注意：“提出质疑”这类赘余表述在书稿中出现的频次相当高。再如：“工人直接对资本主义私有制提出质疑，反对资产阶级的统治。”不同的句子，问题还是出在“提出质疑”上，均应删除“提出”。这些读过去不易发觉赘余语病的句子，应强化记忆，做到有错必纠。

（三）谓语中含多余成分

【病例】

不少中学生在校内偷偷吸烟，还有不少高年级小学生在校外吸烟，这种状况不容令人乐观。

【诊断】

“不容乐观”形容事态发展得不好，情况不理想。在“不容乐观”中插入“令人”属于赘余，因为“容”和“令”都有“让”的意思，应删掉赘余成分“令人”。此外，“不容小觑”“不容置疑”“不容分说”都是“不容+动词/形容词”的固定用法，中间不能插入别的词语。全句应改为：不少中学生在校内偷偷吸烟，还有不少高年级小学生在校外吸烟，这种状况不容乐观。

【病例】

这里的村民私建违章建筑的问题，现在已经获得解决。

【诊断】

“获得”属于赘余，应删去。全句应改为：这里的村民私建违章建筑的问题，现在已经解决。

【病例】

《幽燕金秋图》将于2022年8月12日在北京人民大会堂进行拍卖。

【诊断】

“进行”属于赘余，应删去。全句应改为：《幽燕金秋图》将于2022年8月12日在北京人民大会堂拍卖。

【病例】

这场交通肇事逃逸案，公安机关正在加以调查，相信很快就会水落石出。

【诊断】

“加以”属于赘余，应删去。全句应改为：这场交通肇事逃逸案，公安机关正在调查，相信很快就会水落石出。

编辑应注意：以上三例是常见的成分赘余现象，造成语病的原因是在谓语中心语前滥用了表示处理、对待意义的动词，使原来的谓语中心语变成述宾短语而颇显累赘。

三、宾语赘余

宾语赘余在语法上大致可表现为动宾搭配不当、主宾搭配不当、定中搭配不当等，这些搭配不当的语病在第六讲中已具体讲到。在这里，只讲概念交叉与语义重复的情况。

（一）概念交叉

【病例】

那个年代，逃荒的路上多见一些妇孺及儿童。

【诊断】

“妇孺”与“儿童”概念有交叉。“孺”即儿童，“妇孺”是指妇女与儿童，为此，应删除“及儿童”。全句应改为：那个年代，逃荒的路上多见一些妇孺。

【病例】

每一次朝代更迭都会造成人民的生灵涂炭。

【诊断】

“生灵涂炭”中的“生灵”，实际上包含了“人民”，应删除“人民的”。全句应改为：每一次朝代更迭都会造成生灵涂炭。

（二）语义重复

【病例】

说白了，你这是过虑的想法。

【诊断】

“虑”即“想法”，“过虑的想法”语义重复，应将“的想法”删去或将“过虑”改为“多余”。全句可改为：说白了，你这是过虑。或者改为：说白了，你这是多余的想法。

【病例】

天道酬勤，因而能取得成功的结果。

【诊断】

“成功”本来就是一种结果。这个句子中，已有“取得成功”，再加一个宾语“结果”，语义明显重复。因此，应将“的结果”删除，直接让“成功”做宾语。全句应改为：天道酬勤，因而能取得成功。

四、定语赘余

定语赘余也较为常见，泛指句子中额外添加多余的修饰词，以致语病，具体包括以下类型：

（一）无须定语而生加

【病例】

这是我的舍妹，请多多关照。

【诊断】

“舍妹”是谦辞，本就是“我的妹妹”，这个句子中的定语“我的”属于不必要而生加，应删去“我的”。全句应改为：这是舍妹，请多多关照。

【病例】

这里的乡亲们脱贫后，都在心中描绘着家园未来美好的远景。

【诊断】

“远景”即是未来的景象，“未来”属于不必要而生加，应删去定语“未来”。全句应改为：这里的乡亲们脱贫后，都在心中描绘着家园美好的远景。

（二）语义重复

【病例】

到会的几名与会者，对今天的议题充分发表了各自的意见。

【诊断】

“到会”就是“与会”，语义重复，应删去“到会的”。并将“与会者”后面的逗号删除，和后半句连为一句。全句应改为：几名与会者对今天的议题充分发表了各自的意见。

【病例】

你可别小看他，他可是个能写出很好的美妙文章的后生。

【诊断】

定语“很好的”与“美妙”语义重复，二者应择一而用。全句应改为：你可别小看他，他可是个能写出美妙文章的后生。或改为：你可别小看他，他可是个能写出很好的文章的后生。

五、状语赘余

状语赘余，这种语病同样属于用了意义重复或意义有交叉的多个词语同时作状语，导致语义叠床架屋，具体类型包括以下几种：

（一）无须状语而生加

【病例】

我一直无比信任和依赖的人，居然会背叛我们的爱情，这是我当初始料未及的。

【诊断】

“当初”作为“始料未及”的状语，属于不必要而生加。“始料未及”的“始”就是“当初”的意思，“始料未及”就是当初没预料到，不能再被“当初”加以限定或修饰，应删掉“当初”。全句应改为：我一直无比信任和依赖的人，居然会背叛我们的爱情，这是我始料未及的。

【病例】

对“月光族”而言，提前预支各种生活开销是再正常不过的事了。

【诊断】

“预支”就是“提前支付”，本身就包含着“提前”的意思，不能再被“提前”限定或修饰，应删掉“提前”。全句应改为：对“月光族”而言，预支各种生活开销是再正常不过的事了。

【病例】

正值晚饭时分，仇大娘家的烟囱里向上缓缓地冒着青烟。

【诊断】

“青烟”肯定是向上冒的，故状语“向上”多余，不必要再加，应删掉。全句应改为：正值晚饭时分，仇大娘家的烟囱里缓缓地冒着青烟。

（二）语义重复

【病例】

回城之前，他对好友反复多次地叮嘱记得给他写信。

【诊断】

状语“反复”与“多次”，语义明显重复，可删除“反复”，或删除“多次”。全句应改为：回城之前，他对好友多次地叮嘱记得给他写信。或改为：回城之前，他对好友反复地叮嘱记得给他写信。

【病例】

你提出的这些制度上存在的问题短时间内不可能很快得到解决。

【诊断】

状语“短时间内”与“很快”，语义明显重复，可删除“短时间内”，或删除“很快”。全句应改为：你提出的这些制度上存在的问题不可能很快得到解决。或改为：你提出的这些制度上存在的问题短时间内不可能得到解决。

【病例】

他把地址填错了，让他再重新填一张快递单吧！

【诊断】

“重新”即指再一次，与“再”明显重复，应删去“再”或删去“重新”。全句应改为：他把地址填错了，让他重新填一张快递单吧！或改为：他把地址填错了，让他再填一张快递单吧！

编辑应注意：“重新”与“再”经常被连用，类似这种赘余现象很普遍，往往容易从眼皮下溜走，应予及时纠错。

【病例】

数学评比课上，班长首先第一个站起来发言。

【诊断】

状语“首先”与“第一个”，语义明显重复，可删除“首先”，或删除“第一个”。全句应改为：数学评比课上，班长首先站起来发言。或改为：数学评比课上，班长第一个站起来发言。

【病例】

两年前我们相遇的时候，那时他虽然已经满头华发了，却精神矍铄，也很健谈。

【诊断】

“那时”与前面的“两年前我们相遇的时候”重复，应删去“那时”。全句应改为：两年前我们相遇的时候，他虽然已经满头华发了，却精神矍铄，也很健谈。

六、补语赘余

补语赘余的语病也多因口语化的习惯性表述，多出不必要的修饰词带进书面语而导致，具体包括以下几种类型：

（一）无须补语而生加

【病例】

杂技演员的高超技艺，要靠临场的无数竞技比赛才能练就出来。

【诊断】

“练就”和“出来”语义重复。“练就”是动补结构，意思就是练出来；“就”表示完成，后面再加趋向补语“出来”则赘余，应删掉“出来”。全句应改为：杂技演员的高超技艺，要靠临场的无数竞技比赛才能练就。

【病例】

小妹在新的工作岗位上兢兢业业得很。

【诊断】

“兢兢业业”表示非常认真，后面不再需要程度副词“很”修饰，应删掉“得很”。全句应改为：小妹在新的工作岗位上兢兢业业。

【病例】

为了精简论文，我又将部分内容略加删改了一些。

【诊断】

“略加删改了一些”中的“略加”与“一些”都表示“不多”，意思明显重复，可任取一个使用。全句应改为：为了精简论文，我又将部分内容删改了一些。或改为：为了精简论文，我又将部分内容略加删改了。

【病例】

他不失时机地邀请市长吃饭，公开宣称自己受贿。

【诊断】

“宣称”已含公开的意思，其前面再加状语“公开”明显赘余，应删去“公开”。全句应改为：他不失时机地邀请市长吃饭，宣称自己受贿。

（二）补语和状语掺杂表达

【病例】

数学天才在生活中多半是沉默寡言，但是跟他们聊起数学，就变得分外活跃而健谈多了。

【诊断】

“分外活跃而健谈多了”明显存有语病。“变得”后面的成分均作补语，“活跃而健谈”是联合短语，前有状语“分外”，后有补语“多了”，补语和状语同时使用，使得这个句子出了问题。删掉“分外”或“多了”均可，改为“分外活跃而健谈”或“活跃而健谈多了”均是两种完整的表达。全句应改为：数学天才在生活中多半是沉默寡言，但是跟他们聊起数学，就变得分外活跃而健谈。或者改为：数学天才在生活中多半是沉默寡言，但是跟他们聊起数学，就变得活跃而健谈多了。

编辑应注意：将状语和补语掺杂在一起表达的这种类型的语病较常见，要能发现误处，及时纠错。

七、其他赘余

其他赘余所致的语病包括介词赘余、约数赘余、数量词后的赘余、关联词赘余等。

（一）介词赘余

【病例】

一言不合就诉诸于武力，不是最佳解决方案，个人如此，国家更是如此。

【诊断】

“诸”是古汉语里的合音词，为“之于”两词的合音，为此，其后面的“于”为赘余成分，应删去。全句应改为：一言不合就诉诸武力，不是最佳解决方案，个人如此，国家更是如此。

编辑应注意：滥用介词的语病中，介词“于”的滥用现象尤其突出，应引起重视。

【病例】

老王现就任于兰州大学历史文化学院教授。

【诊断】

“就任”就是“担任（某种职务）”的意思，是及物动词，后面可以直接跟宾语，如“就任大总统”，为此，这个句子中，应将介词“于”删去。全句应改为：老王现就任兰州大学历史文化学院教授。

编辑应注意：

有观点认为“就任”后面应该跟部门或单位，如：“老王就任于兰州大学历史文化学院。”实际上这是混淆了“就任”与“任职”。“任职”是“担任职务”的意思，是动宾结构的复合词，后面一般不能再直接跟宾语，但可以用介词“于”这样说：“老王任职于兰州大学历史文化学院。”

【病例】

这首为祖国生日所做的网络新歌经过在北京、天津、上海、南京、杭州、长沙、西安、兰州等几百所高校大学生中的不断传唱，取得了强烈的社会反响。

【诊断】

“经过”的意思是“通过（时间、处所、动作等）”，它后面可以跟名词性宾语和谓词性宾语。这个句子中，“经过”带了谓词性宾语，即“在北京、天津、上海、南京、杭州、长沙、西安、兰州等几百所高校大学生中的不断传唱”。这个宾语的中心语是“传唱”，谁“传唱”呢？是“几百所高校大学生”。为此，“北京、天津、上海、南京、杭州、长沙、西安、兰州等几百所高校大学生”是“传唱”的施事，应该是“传唱”的主语，但“在……中”让它变成了介词的宾语，应该删除“在”和“中”。全句应改为：这首为祖国生日所做的网络新歌经过北京、天津、上海、南京、杭州、长沙、西安、兰州等几百所高校大学生的不断传唱，取得了强烈的社会反响。

（二）约数赘余

【病例】

这个小女孩看上去很可爱，约摸4～5岁的样子。

【诊断】

“约摸”中的“约”与“4～5岁”表意重复，应删除“约摸”。全句应改为：这个小女孩看上去很可爱，4～5岁的样子。

编辑应注意：类似的病例还有“约100米左右”“约1小时许”“约三千余吨”“约500多人”等，均为约数赘余，都应删除“约”。

（三）数量词后的赘余

【病例】

一群孩子们飞奔着出了校园。

【诊断】

按照汉语的习惯，名词前面有数量词，后面不加“们”，如不说“五个孩子们”。为此，这个句子中，应将“们”删去。全句应改为：一群孩子飞奔着出了校园。

编辑应注意：“们”字用在专有名词后面，表示类别，如“身边的雷锋们”。类似的情况还有病例“莘莘学子们”，也要去“们”。

（四）关联词赘余

【病例】

我之所以这么做的原因，是我已经开始怀疑他了。

【诊断】

这个句子属于关联词赘余，“之所以”本身就表示原因，而后面又有“原因”一词，应删除“的原因”。全句应改为：我之所以这么做，是我已经开始怀疑他了。

【病例】

大多数人现在不再买报刊，是因为可以通过手机、电脑更加便捷地获取新闻和各种信息的原因。

【诊断】

“因为……的原因”，属于重复，应删去“的原因”。全句应改为：大多数人现在不再买报刊，是因为可以通过手机、电脑更加便捷地获取新闻和各种信息。

【病例】

他今天信誓旦旦地说，这次高考万一若考不到理想大学，他就去流浪。

【诊断】

“万一”表示可能性极小的假设，而后面的“若”也是表示假设，用在此处赘余，应删去“若”。全句应改为：他今天信誓旦旦地说，这次高考万一考不到理想大学，他就去流浪。

编辑应注意：关联词赘余的类似病例还有“如果……一旦”“并非……因为”等等，均要删其一。对于容易造成赘余的关联词，编辑平时要多留意，注意多积累。

第九讲

语序不当

语序，是指语言单位（词或短语）在话语中按照一定规则排列的先后顺序。它包括三个方面：词（词组或结构）在句子中的排列顺序，分句在复句中的排列顺序，句子在句群中的排列顺序。

语序是汉语句法结构中的一个重要表达手段，它的变化会引起语义、语法和语用的变化。例如，“很不好”和“不很好”，一个字都没变，只是它们的语序不同，表达的意思就不太一样。再如，“我爱你”和“你爱我”，结构关系都一样，都有主语、谓语、宾语，字数和字都一样，但因语序不同，语义也就不同。“他走了”和“走了，他!”，只是主语和谓语位置进行了互换，但所突出的说话人的语气和想要表达的侧重点不一样。可见，汉语的语序是相对固定的，并且是很重要的，如果不是出于特殊需求或语用的要求，不能随意变化，否则就很可能出现语序不当的语病，造成表达和理解困难。

为此，语序不当主要是指句子中词语或分句的顺序不合理，即不符合语法习惯或不符合逻辑事理。从语法角度而言，语序不当对单句来说主要是指词序不当，对复句来说主要是句序不当。从语义角度而言，语序不当可能引起表意不明、不合事理、主客颠倒等语病。语序不当的毛病常见的有下面一些类型。

一、主语次序不当

【病例】

王县长从五十公里以外的产业园区和副县长开车赶来开会。

【诊断】

根据句子意思，句子的主语是“王县长”，应与“副县长”并列作主语，但表达这句话的人却把“副县长”放错了位置，和“从”组成介词结构，误充当了句子状语。全句应改为：王县长和副县长从五十公里以外的产业园区开车赶来开会。

【病例】

新北市委、市政府、市人大、市政协的有关负责同志参加了这次开幕式。

【诊断】

这个句子的语病在于主语词序不当，作主语的四大班子主次顺序不当。应改为：新北市委、市人大、市政府、市政协的有关负责同志参加了这次开幕式。

编辑应注意：在审稿过程中，叙述的多项内容并列作主语时，应注意这些主语之间的主次、大小、轻重等关系，以及表意上的逻辑顺序，切忌造成主语语序不当的语病。

二、谓语次序不当

【病例】

“文革”期间，这位史学专家曾被剥夺了整整八年的科研和教学的权利。

【诊断】

这个句子的核心是“整整八年”，应当出现在句末当谓语才合适，却误作了定语，应将“整整八年”移至句末。全句应改为：“文革”期间，这位史学专家曾被剥夺了科研和教学的权利整整八年。

【病例】

如果不敢讨论并面对这些核心问题，就会阻碍企业的发展。

【诊断】

这是谓语之间次序不对造成的语序不当。这个句子中，谓语动词应先“面对”，后“讨论”。全句应改为：如果不敢面对并讨论这些核心问题，就会阻碍企业的发展。

编辑应注意：在审稿过程中，多个谓语动词出现在同一个句子中时，应注意依其发生先后顺序排列，切忌出现语序不当的语病。

三、定语次序不当

【病例】

刘备站在人群外面，看到墙上新贴的一张画有自己画像的告示，感到不妙。

【诊断】

这个句子中，表示特征的限定性定语“新贴”错位。“一张”虽然也是限定性的词组，但按一般的规则，表示特征的限定性的词语，如形容词，应置于表示数量的限定性词语之后。为此，“新贴”应移至“一张”之后。全句应改为：刘备站在人群外面，看到墙上一张新贴的画有自己画像的告示，感到不妙。

【病例】

这些信息可能超出她的购买清单并会使其偶然发现更为新鲜的产品，对启发她的下一次购物之旅起到一定的作用。

【诊断】

这是定语错置造成的语序不当。“启发”本是“作用”的定语，放在“她”之前，是讲不通的，应将“启发”移至“作用”之前。全句应改为：这些信息可能超出她的购买清单并会使其偶然发现更为新鲜的产品，对她的下一次购物之旅起到一定的启发作用。

【病例】

据悉，在农业银行贷款的乡镇企业骨干已有20余万家。

【诊断】

这是定语与中心语错位造成的语序不当。“在农业银行贷款的”主体应该是“乡镇企业”，而不是“乡镇企业骨干”，“乡镇企业骨干”是指人，为此，“骨干”应移至“乡镇企业”前作定语进行修饰。全句应改为：据悉，在农业银行贷款的骨干乡镇企业已有20余万家。

【病例】

达尔文在一个小花园的土壤里偶然发现了几个形状古怪的化石昆虫。

【诊断】

定语和中心语搭配时，一般而言，应该是定语在前，中心语在后，这个句子中的“化石昆虫”颠倒了次序，应为“昆虫化石”。全句应改为：达尔文在一个小花园的土壤里偶然发现了几个形状古怪的昆虫化石。

【病例】

这条箴言包含着深刻的一种哲理。

【诊断】

定语“一种”位置有误，应移至“深刻”之前。全句应改为：这条箴言包含着一种深刻的哲理。

【病例】

她突然想到抽屉里有条模型船，便根据描绘中的影片，亲手把它改造成了“泰坦尼克号”。

【诊断】

这也是定语与中心语位置颠倒造成的语病。“描绘中的影片”应改为“影片中的描绘”。全句应改为：她突然想到抽屉里有条模型船，便根据影片中的描绘，亲手把它改造成了“泰坦尼克号”。

【病例】

她是20世纪90年代最优秀的我国高台跳水运动员。

【诊断】

这个句子中，表示属性的限定性定语“20世纪90年代最优秀”错置于领属性定语“我国”之前，应置于“我国”之后。全句应改为：她是我国20世纪90年代最优秀的高台跳水运动员。

【病例】

神农、黄帝、尧、舜都是夏朝以前传说中的古代帝王。

【诊断】

“夏朝以前”是修饰“古代帝王”的，并非说明什么时候的传说，故应将“夏朝以前”移至“的古代帝王”之前，句子的意思才能准确。全句应改为：神农、黄帝、尧、舜都是传说中的夏朝以前的古代帝王。

【病例】

墓的总体积比先秦所见最大的国王墓——河南安阳河家庄商王陵大10倍。

【诊断】

表示时间的限制性定语“先秦”位置错放，会被理解为“先秦”是修饰“所见”的，从而造成全句语义不明。安阳河家庄商王陵的发掘是现在的事，先秦时如何能见到呢？为此，应把“先秦”移至“国王墓”之前。全句应改为：墓的总体积比所见最大的先秦国王墓——河南安阳河家庄商王陵大10倍。

【病例】

红色纪念馆里陈列着很多当年烈士们使用过的东西。

【诊断】

这是多重定语相互错位造成的语序不当。这个句子中，“东西”有多个定语，表示数量的定语“很多”应放在表示领属的定语“烈士们使用过的”之后；“当年”是限制“使用”的，应放在“使用”前。全句应改为：红色纪念馆里陈列着烈士们当年使用过的很多东西。

编辑应注意：

多重定语的句子结构，其顺序安排一般为：第一，表示领属的或表示时间、地点的用语；第二，表示指称或数量的用语；第三，动词或动词性短语；第四，表示类别、性质的形容词或形容词性短语；第五，表示领属关系的名词或名词性短语；第六，中心语。为方便记忆，简而言之，多重定语成分的词序应为“属+数+动+形+名+中”，应牢记这个词序。另外，带“的”的定语应放在不带“的”的定语之前，复杂的定语应放在单纯的定语前面。临时性组合的定语在前，经常性组合的定语在后。如：“女老师”是习惯组合，只能说“很漂亮的女老师”，而不能说“女的很漂亮的老师”，因为“很漂亮的”是临时性组合，应放在前面。

四、状语次序不当

【病例】

将近两个月我同亲人都没联系。

【诊断】

表示否定的限制性状语“都”“没”位置错放，造成否定的范围不准确，应该把“都”“没”移至“同亲人”之前。全句应改为：将近两个月我都没同亲人联系。

【病例】

这个消息对我们大家当时震动很大。

【诊断】

状语“当时”位置有误，应移至“对我们大家”之前。全句应改为：这个消息当时对我们大家震动很大。

【病例】

班主任牛老师定期建议家长跟踪学生的学习情况。

【诊断】

根据句子意思判断，“定期”的位置不妥，应移至“家长”后面。如果不予纠正，表达的就是不同的语义，这个语义显然不符合常理。全句应改为：班主任牛老师建议家长定期跟踪学生的学习情况。

【病例】

我们安居乐业在祖国妈妈温暖的怀抱中。

【诊断】

这个句子中，状语“在祖国妈妈温暖的怀抱中”位置错放，误充当了补语，应将其移至“我们”后。全句应改为：我们在祖国妈妈温暖的怀抱中安居乐业。

【病例】

通过这次参观学习，“珍爱生命，远离毒品”的信念深深地在我们心里扎了根。

【诊断】

状语“深深地”位置不对。“扎根”是在心里扎根，为此，“深深地”应修饰“扎根”，应将“深深地”和“在我们心里”互换位置。全句应改为：通过这次参观学习，“珍爱生命，远离毒品”的信念在我们心里深深地扎了根。

【病例】

两位记者冒着小雨，踏着泥泞的山路，为了采访舍己救人的侯光明，三步并两步地来到他的家中。

【诊断】

表示目的的限制性状语“为了采访舍己救人的侯光明”位置错放，应移至句首，充当全句的状语。全句应改为：为了采访舍己救人的侯光明，两位记者冒着小雨，踏着泥泞的山路，三步并两步地来到他的家中。

【病例】

那场车祸给她带来的创伤，是难以一时弥合的。

【诊断】

表示可能的限制性状语“难以”位置错放。从句子意思看，状语“难以”应该先同谓语动词“弥合”组合，再用“一时”修饰。全句应改为：那场车祸给她带来的创伤，是一时难以弥合的。

【病例】

他勤奋好学、团结同学、知错就改，除了身体单薄体育成绩不太好外，符合“好学生”的几乎一切标准。

【诊断】

表示程度的状语“几乎”不能充当“标准”的定语，应移至谓语动词“符合”的前面。全句应改为：他勤奋好学、团结同学、知错就改，除了身体单薄体育成绩不太好外，几乎符合“好学生”的一切标准。

【病例】

获救后，小林和父亲再三到蓝天救援队表示感谢。

【诊断】

表示重复的限制性状语“再三”位置错放。从句子意思看，小林和父亲不应该是多次到部队，而应该是多次表示感谢。为此，状语“再三”应移至“表示感谢”的前面。全句应改为：获救后，小林和父亲到蓝天救援队再三表示感谢。

【病例】

在新闻发布中心许多记者同应邀专家热情地交谈。

【诊断】

这个句子的多层状语语序不对，全句应改为：许多记者在新闻发布中心热情地同应邀专家交谈。

编辑应注意：

多重状语的句子结构，其顺序安排一般为：第一，表示原因、条件或目的的介宾短语；第二，表示时间、处所的词或短语；第三，表示地点、范围、程度的词或短语；第四，表示情感的词或短语；第五，相关的对象，即人物。为方便记忆，简而言之，多重状语成分的词序应为“因+时+地+情+人”，可牢记这个词序。如果出现过于复杂的多重状语的句子，可按下面这个公式记忆排列次序：条件+时间+处所+语气+范围+否定+程度+性质+对象。多重状语的顺序不同，也会造成句子整体意义的不同。如：“他天天不回家”与“他不天天回家”的意思不同，就是因为“天天”和“不”这两个状语的语序不一样。

链接 31

状语小议

在现代汉语中，状语是动词或形容词前面的连带成分，作用是修饰、限制或描述动词或形容词。

限制性的状语主要是从时间、处所、程度、范围、对象、目的等角度对动词或形容词进行限制，如："从今天开始""在宾馆歇息""全盘接受"等；而描写性的状语主要是描写动作的变化和情态的变化，如："放肆地大笑""热烈拥抱""渐渐变暖"等。

状语大致可分为四类：

1.形容词和形容词短语作状语

如：多吃菜、生动地讲述、更加坚定地表示、蓬勃地发展。

2.副词和副词短语作状语

如：真热闹、很出色、非常优秀、刚刚离开、狮子般的怒吼。

3.介词短语作状语

如：往那边跑、把答案看清楚。

4.象声词和象声词短语作状语

如：轰隆隆地响、呜呜咽咽地哭、叮叮咚咚地滚下来。

五、补语次序不当

【病例】

助残社的三位同学码好整整齐齐的废纸箱。

【诊断】

补语"整整齐齐"错当了名词"废纸箱"的定语。而从句子意思看，"整整齐齐"是码好的结果，而不是"废纸箱"的形状。全句应改为：助残社的三位同学把废纸箱码得整整齐齐。

【病例】

之前对社会主义核心价值观不够深刻领会的地方，如今感到明晰了。

【诊断】

补语“不够深刻”错当了谓语动词“领会”的状语，因位置放错而致语义不畅。从表述习惯看，把“不够深刻”移至“领会”后作补语会更好。全句应改为：之前对社会主义核心价值观领会不够深刻的地方，如今感到明晰了。

六、修饰语与中心语次序不当

【病例】

你的这番话不禁使我想起以前的一位朋友。

【诊断】

修饰语“不禁”修饰的对象有误，不应修饰“这番话”的谓语“使”，而应修饰“想起”，为此，应将“不禁”移至“使我”的后面。全句应改为：你的这番话使我不禁想起以前的一位朋友。

【病例】

良好的国际收支状况，国家外汇储备充足，对抵御这次国家金融风暴的冲击，发挥了重要作用。

【诊断】

这个句子的语病，也属于谓语与定语错位。应在“充足”后加“的”，移至“国家外汇”前，变成“充足的国家外汇储备”。全句应改为：良好的国际收支状况，充足的国家外汇储备，对抵御这次国家金融风暴的冲击，发挥了重要作用。

【病例】

我们认为少年犯的大多数是好的。

【诊断】

“大多数”修饰的对象应为“少年犯”，这里却相反，让“少年犯”修饰了“大多数”，所以有误，应将二者的语序颠倒一下。全句应改为：我们认为大多数的少年犯是好的。

【病例】

作为一种助学贷款的消费信贷，市场需求的潜力很大。大力发展这项贷款业务，为商业银行开拓信贷市场、培育业务增长点提供了契机。

【诊断】

“助学贷款”属于“消费信贷”的一种，而这个句子犯了定语与中心语错位的语病，故应将“助学贷款”和“消费信贷”的语序颠倒。全句应改为：作为一种消费信贷的助学贷款，市场需求的潜力很大。大力发展这项贷款业务，为商业银行开拓信贷市场、培育业务增长点提供了契机。

七、同位结构内部成分次序不当

【病例】

李白，唐代著名诗人的诗歌具有豁达豪迈的艺术特色。

【诊断】

应把“唐代著名诗人”移至“李白”的前面，与“李白”组成同位结构，从而充当“诗歌”的定语。全句应改为：唐代著名诗人李白的诗歌具有豁达豪迈的艺术特色。

八、虚词位置不当

【病例】

你们如果把这本书不认真读好，就谈不上读别的书了。

【诊断】

这个句子的副词位置不当，句子所表达的意思不明确。前半句中的否定副词“不”应移至“把”字前。全句应该为：你们如果不把这本书认真读好，就谈不上读别的书了。

【病例】

我们把食堂的卫生和饮食工作不做好是不行的。

【诊断】

在人们的表达习惯中，“把”字句中的否定副词通常是不放在“把”字后面的。为此，这个句子否定副词“不”的使用错位，应移至“把”字前面。全句应改为：我们不把食堂的卫生和饮食工作做好是不行的。

编辑应注意：“把”字句的否定形式一般是“否定词+把”，“被”字句的否定形式一般是“否定词+被”。在“把”字句、“被”字句中，经常会有“不”等副词被置于“把”或“被”字后的问题，应多加关注，及时纠错。

【病例】

趁现在不抓紧检查一下后厨的用电隐患，就容易酿成大祸。

【诊断】

这个句子副词的位置不当，“不”应移至“趁”字前。全句应改为：不趁现在抓紧检查一下后厨的用电隐患，就容易酿成大祸。

【病例】

留守在临时帐篷里的几个孩子，都一个个甜蜜地睡在武警战士新送来的小木板床上。

【诊断】

表示范围的副词“都”应置于表示数量的词组“一个个”的后面。全句应改为：留守在临时帐篷里的几个孩子，一个个都甜蜜地睡在武警战士新送来的小木板床上。

九、关联词位置不当

【病例】

不但社区专干在生活上帮助我，而且在思想上也帮助我。

【诊断】

这个句子中，关联词“不但”错置在了主语“社区”之前。从句子意思看，第一个分句和第二个分句的主语相同，都是“社区专干”，因此，不能把关联词放在主语前。全句应改为：社区专干不但在生活上帮助我，而且在思想上也帮助我。

【病例】

与其你三天两头生病，不如加强锻炼。

【诊断】

关联词“与其……不……”的位置要依分句的主语是否相同而定。主语相同时，“与其”应放在主语之后；主语不同时，应放在主语之前。这个句子的主语均是“你”，为此，“与其”应移至“你”之后。全句应改为：你与其三天两头生病，不如加强锻炼。

【病例】

你即使发现这款游戏的缺陷不少，它也很受欢迎。

【诊断】

这个句子的关联词语序不当，“即使”应移至“你”前。因为前、后两个分句主语不一致，前一个分句主语是“你”，后一个分句主语是“它”（指游戏），为此，当前、后两个分句主语不一致时，前一个分句的关联词置主语前。全句应改为：即使你发现这款游戏的缺陷不少，它也很受欢迎。

【病例】

住在附近的环卫工人不仅赶来了，而且很多家远的环卫工人也赶来了。

【诊断】

两个分句的主语不同，仍是犯了关联词语序不当的毛病，应将第一个分句的关联词语“不仅”放在主语前。全句应改为：不仅住在附近的环卫工人赶来了，而且很多家远的环卫工人也赶来了。

【病例】

看到其他人还没有来，就她一人干了起来。

【诊断】

第二个分句中，“就”放在了主语“她”之前，那么，就表示范围，意思为“只有她一个人”；然而，“就”如果放在主语“她”之后，就表示时间。分析这个句子的意思，判断“就”应该是表示时间的副词，为此，应放在主语“她”之后，这个句子才符合语法规范。全句应改为：看到其他人还没有来，她就一人干了起来。

【病例】

这些孩子一方面爱思考，经常交流各种各样的问题；另一方面，老师们注意培养他们良好的思考习惯。

【诊断】

关联词“一方面”错置在了主语“这些孩子”之后。从句子意思看，这句话前、后两个分句的主语不一致，前面分句的主语是“这些孩子”，后面分句的主语是“老师”，因此，不能把关联词“一方面”放在主语“这些孩子”之后。全句应改为：一方面，这些孩子爱思考，经常交流各种各样的问题；另一方面，老师们注意培养他们良好的思考习惯。

编辑应注意：在处理含有关联词的这类复句时，应注意一个规律，即前、后两个分句主语不一致时，前一个分句的关联词放在主语前面；前、后两个分句主语一致时，前一个分句的关联词放在主语后面。

十、分句次序不当

【病例】

他既兼任英语课代表，又是班长。

【诊断】

这个句子分句次序不符合叙述习惯。这是一个并列复句，分句间的关系都是并列、平等的，谁在前谁在后似乎关系不大；但从表达习惯看，还是应遵循一定的叙述顺序，即应该挑责任大的先说。全句应改为：他既是班长，又兼任英语课代表。

【病例】

他虽然下决心要学好物理，但成绩总提高不了，老师也经常给他个别辅导。

【诊断】

最后一个分句与前两个分句的逻辑关系不清楚，语序颠倒，表意混乱。若将后两个分句的位置调换，句子所表达的转折关系才能清楚。全句应改为：他虽然下决心要学好物理，老师也经常给他个别辅导，但成绩总提高不了。

【病例】

老话都说隔辈儿亲，爷爷奶奶们不应该助长孩子的缺点，更不能溺爱。

【诊断】

这个句子分句次序不合逻辑事理。客观事物是有轻重、缓急、大小、先后、上下之分的，正因具有这种差别，句子语序在一般情况下是不能随意颠倒的。而“助长”比“溺爱”在意思上更进了一层，因此，前后两个分句的次序应颠倒一下。全句应改为：老话都说隔辈儿亲，爷爷奶奶们不应该溺爱孩子，更不能助长孩子的缺点。

【病例】

与会专家随身携带的文件、图纸、笔记本电脑等物品，要提高警惕，妥善保管，防止遗失。

【诊断】

“文件、图纸、笔记本电脑等物品”不能与“要提高警惕”搭配，若将“与会专家”与“要提高警惕”搭配，句子就顺畅了。全句应改为：随身携带的文件、图纸、笔记本电脑等物品，与会专家要提高警惕，妥善保管，防止遗失。

【病例】

自此以后，班主任岳老师总是找一些正能量的故事教育我们，讲给我们听。

【诊断】

“教育我们”后“讲给我们听”，显然语序颠倒了，后一分句“讲给我们听”应该是在“教育我们”之前，所以应将“讲给我们听”移到“故事”之后，逻辑关系就清楚了。全句应改为：自此以后，班主任岳老师总是找一些正能量的故事讲给我们听，教育我们。

十一、并列词语、短语次序不当

【病例】

环境保护对全世界、全国、全省都是头等大事，对咱们全县也是头等大事。

【诊断】

这个句子的分句次序不符合要求。在语言的运用中，为便于受众接受，如无特殊需要，应该是从次要的说到重要的，从身边的说到远处的，从熟悉的说到不熟悉的。而这个句子违反了这一规则。全句应改为：环境保护对咱们全县是头等大事，对全省、全国，乃至全世界都是头等大事。

【病例】

在城市建设中，既要有超前意识，又要从保持城市个性、保护城市文化遗产的立场出发，秉持循环经济的理念和依法治理的要求，来建设和规划。

【诊断】

“建设”与“规划”由连词“和”相连，是两个并列短语，但在这个句子中，讲究先后顺序，应先有“规划”，后有“建设”，为此，应将“建设和规划”改为“规划和建设”。全句应改为：在城市建设中，既要有超前意识，又要从保持城市个性、保护城市文化遗产的立场出发，秉持循环经济的理念和依法治理的要求，来规划和建设。

【病例】

大学毕业生不应该只关注一己之屈伸，一家之饥饱，真正需要关注的是作为接受过高等教育的个体对于群体、社会、他人的责任和义务。

【诊断】

“群体、社会、他人”为并列词语，但顺序显得混乱，应改为“社会、群体、他人”或“他人、群体、社会”，依范围从大到小或从小到大排序。全句可改为：大学毕业生不应该只关注一己之屈伸，一家之饥饱，真正需要关注的是作为接受过高等教育的个体对于他人、群体、社会的责任和义务。

【病例】

商家在春节期间打折促销，减价的标牌随处可见，三折、四折，甚至五折，引得不少消费者纷纷驻足。

【诊断】

依正常习惯，打折程度应由低到高的顺序排列才合理，应改为“五折、四折，甚至三折”。全句应改为：商家在春节期间打折促销，减价的标牌随处可见，五折、四折，甚至三折，引得不少消费者纷纷驻足。

【病例】

文件对经济领域中的一些问题，从理论上和政策上做了详细的规划和深刻的说明。

【诊断】

“理论”对应“规划”、“政策”对应“说明”是错误的，应将“详细的规划”和“深刻的说明”互换位置。全句应改为：文件对经济领域中的一些问题，从理论上和政策上做了深刻的说明和详细的规划。

第十讲

句式杂糅

句式杂糅，是指在一个句子中，把两种不同语态、不同格式、不同语气、不同意思、不同关系、不同站位等的分句混杂在一起表达，从而造成句子结构混乱、语义纠缠、混淆不明的一种语病。

即是说，把几种不同的结构或几个不同的意思硬凑在一个句子里，使不同的句法结构混杂、表意不明。表达时因既想用这种句式，又想用那种句式，结果造成将两种句式放在一起说，发生半截转向的现象，就是句式杂糅。认真克服句子中的杂糅现象，是编辑加强语言基本功训练的重要一环。句式杂糅的具体类型包含以下几种：

一、主动与被动语态杂糅

若主语是动作的执行者，或动作是由主语完成的，要用主动语态；若主语是动作的承受者，或动作不是由主语而是由其他人完成的，则用被动语态。在一个句子中，若将两种语态混杂使用，就会造成语病。

【病例】

韩于被应召到宫中去做供奉。

【诊断】

说这句话的人既想说“韩于应召到宫中去做供奉”，又想说“韩于被召到宫中去做供奉”，把主动语态与被动语态杂糅在了一起，让人搞不清韩于到底是主动应召到宫里去做供奉的，还是被动到宫里去做供奉的，应两者择其一。

二、主观与客观评价杂糅

主观评价是从个人的角度去评价，带有个人的感情色彩，有时是片面、武断的；客观评价一般而言是实事求是的、较为公正的评价。若从这两种不同的评价角度出发，含混表达，就会造成语病。

【病例】

这个经验教训值得领导干部尤其为基层党员所重视。

【诊断】

作者既想对“经验教训”进行主观评价，说成“这个经验教训是值得领导干部尤其是基层党员重视的”；又想对“经验教训”进行客观评价，说成“这个经验教训为领导干部尤其是基层党员所重视”，结果导致“两说并存”，语义不明，应择一而用。

三、处置式与非处置式杂糅

处置式是现代汉语中的一种常见句式，常用“把”引出动作的受事，也叫“把”字句，因为动词所表示的动作对宾语做出了处置。这类句式有自己的固定表达特点，若再掺杂了其他成分，就会造成语病。

【病例】

在大凉山支教的那几年始终令我难忘，那里的村民们都把我们像待自己的孩子一样。

【诊断】

“把我们怎么样”是处置式分句。作者既想用处置式表达，说成“那里的村民们都把我们当作自己的孩子”，又想用非处置式表达，说成“那里的村民们都像待自己的孩子一样待我们”，结果致使两种句式杂糅，应择一而用。

四、肯定与否定表述杂糅

肯定表述是不含否定词的表述，若与含否定词的否定表述杂糅在一个句子中，就会造成语义矛盾的语病。

【病例】

要大幅度提高企业的工作效率，必须采取一系列严格的管理措施不可。

【诊断】

这句话中，作者既想用肯定的表述，说成“要大幅度提高企业的工作效率，必须采取一系列严格的管理措施”；又想用否定的表述，说成“要大幅度提高企业的工作效率，非采取一系列严格的管理措施不可”，结果造成两种句式杂糅。“必须”和“不可”两种词性相悖，即肯定句式与否定句式相矛盾，应择一而用。

五、判断与疑问语气杂糅

判断语气包括肯定语气和否定语气两种，疑问语气是表示询问、反诘、测度等的语气。若将这两种语气掺杂在一个句子中使用，势必造成杂糅的语病。

【病例】

你不重视一日三餐的营养搭配，那怎么会有一个健康的身体是可想而知的。

【诊断】

这句话中，作者既想用判断语气来表达，说成“你不重视一日三餐的营养搭配，身体不健康是可想而知的”，又想用疑问语气来表达，说成“你不重视一日三餐的营养搭配，那怎么会有健康的身体呢?”，结果致使两种语气杂糅，应择一而用。

六、不同句式杂糅

表达句子时，对同一个意思既想用这种方式表达，又想用另一种方式表达，举棋不定，以致将两种方式杂糅在一起使用，造成杂糅的语病。

【病例】

工厂本着低耗高产为原则，使用了新研发的创新工艺。

【诊断】

这个句子的语病是将“本着……的原则”和“以……为原则”两种句式杂糅在了一起。要么说成“工厂本着低耗高产的原则，使用了新研发的创新工艺”，要么说成“工厂以低耗高产为原则，使用了新研发的创新工艺”，应择一而用。

【病例】

这个纳米机器人的发明者是他和他的导师共同研制的。

【诊断】

这个句子是将“发明者是……”和“……共同研制的”两种句式杂糅在了一起，应该用两种方式分别表达。要么说成“这个纳米机器人的发明者是他和他的导师”，要么说成“这个纳米机器人是他和他的导师共同研制的”，应择一而用。

【病例】

前阵子获得好评的电视连续剧《人世间》，是根据作家梁晓声的同名小说为蓝本创作而成的。

【诊断】

这个句子是将“根据……创作而成的”和“以……为蓝本创作而成的”两种句式杂糅在一起，应该用两种方式分别表达。要么说成“前阵子获得好评的电视连续剧《人世间》，是根据作家梁晓声的同名小说创作而成的”，要么说成“前阵子获得好评的电视连续剧《人世间》，是以作家梁晓声的同名小说为蓝本创作而成的”，应择一而用。

【病例】

一个有创造力的团队关键在于沟通交流、合理分工、向心力、凝聚力、工作活力起决定作用。

【诊断】

这个句子的语病是将“关键在于”和“起决定作用”两种句式杂糅在一起。要么说成“一个有创造力的团队关键在于沟通交流、合理分工、向心力、凝聚力、工作活力”，要么说成“一个有创造力的团队，沟通交流、合理分工、向心力、凝聚力、工作活力起决定作用”，应择一而用。

编辑应注意：在现代汉语中存在不少固定格式，这些固定格式若使用得当，会达到较好的表达效果；若随意使用，胡拼乱凑，反而会使语义不明，造成杂糅的语病。

七、牵连捏合所致杂糅

表达句子时，有时两句话本该分开说，结果硬生生连在一起，造成前后牵连杂糅的问题，造成语病。

【病例】

当上级决定把这次接待任务交给我们时，我们立刻产生一种非常光荣的感觉真是无以名状。

【诊断】

这个句子明显犯了杂糅的语病。一个意思说完了，可又冒出与前面说的话紧密相连的相关想法，这就属于捏合所致杂糅。应该分为两句话去表达，全句应改为：当上级决定把这次接待任务交给我们时，我们立刻产生一种非常光荣的感觉，这种感觉真是无以名状。

【病例】

医生批评老朱吸烟的行为是不了解吸烟对人体的严重危害的结果。

【诊断】

这个句子把两句话前后连接在了一起，犯了杂糅的语病，以致句子表述不通顺，应分开来说。全句应改为：医生批评老朱吸烟的行为，并指出这是不了解吸烟对人体的严重危害的结果。

【病例】

北宋画家王希孟的《千里江山图》在绘画技巧上达到了惊人的高度，难怪它使国人倾倒是合情合理的。

【诊断】

第二个分句将两种表达杂糅在一起说，造成语病，应分开说。全句应改为：北宋画家王希孟的《千里江山图》在绘画技巧上达到了惊人的高度，它使国人倾倒是合情合理的。或改为：北宋画家王希孟的《千里江山图》在绘画技巧上达到了惊人的高度，难怪它使国人倾倒。

【病例】

我们随着旅行团参观了当地农民手工艺制作展是具有独特民族风格的。

【诊断】

这个句子也是犯了捏合所致杂糅的语病，应将两个意思分两句说，并给后一句话添加主语。全句应改为：我们随着旅行团参观了当地农民手工艺制作展，这些手工艺具有独特的民族风 格。或改为：我们随着旅行团参观了具有独特民族风格的当地农民手工艺制作展。

【病例】

作为一名资深摄影师，一方面要具备拍摄、修图的必备技能，一方面要有对生活深度的观察能力也是至关重要的。

【诊断】

这个句子犯的语病也是捏合，病因同上句。应在最后一个分句“……要有对生活深度的观察能力”之后断句，后面另起一个分句“这也是至关重要的”。全句应改为：作为一名资深摄影师，一方面要具备拍摄、修图的必备技能，一方面要有对生活深度的观察能力，这也是至关重要的。

编辑应注意：句式杂糅的修改，可以通过提取句子主干的方法来分析，也可以借助一些关键词来做快速判断。同时，还需要多积累一些常见的杂糅格式及纠错方法，以培养对这类语病的敏感度。详见表9。

表9　常见的杂糅格式纠错方法

常见的杂糅格式	纠错方法(择一而用)
本着……为原则	本着……的原则 以……为原则
以……即可	……即可 以……为宜
之所以……的原因	之所以……是因为 ……的原因是……
对于……问题上	在……问题上 对于……问题
由于……下	在……下 由于……
经过……下	在……下 经过……
是为了……为目的	是为了…… 以……为目的
是由于……的结果	是由于…… 是……的结果
原因是……造成/作怪/引起/引发/诱发的	是由……造成/作怪/引起/引发/诱发的 原因是……
是因为……的原因	是……的原因 是因为……
……的原因主要是……所致	……的原因主要是…… ……主要是……所致
借口……为名	以……为名 借口……
有……组成	由……组成 有……
供……之便	供……之用 以便……
靠的是……取得的	是……取得的 靠的是……
关键在于……起决定作用	关键在于…… ……起决定作用

续表9

常见的杂糅格式	纠错方法(择一而用)
围绕以……为中心	围绕……中心 以……为中心
大多以……为主	以……为主 大多是……
关键在于……是非常重要的	……是非常重要的 关键在于……
成分是……组成的/配制而成	由……组成的/配制而成 成分是……
长达……之久	长达…… 达……之久
包括……组成	包括…… 由……组成
最好……比较适合	最好…… ……比较适合
深受……所欢迎	深受……欢迎 为……所欢迎
听到……的消息传来	听到……的消息 ……的消息传来
大多是以……为主	大多是…… 以……为主
由于……正确领导下	由于……正确领导 在……正确领导下
打着……为幌子	打着……的幌子 以……为幌子

链接 32

单句杂糅与复句杂糅

从宏观概念上看，句式杂糅分为单句杂糅和复句杂糅。

1. 单句杂糅

例如：

①宝宝性格培养，关键在于品行、习惯起决定作用。

（“关键在于……”与“……起决定作用”杂糅，只能择一而用。）

②连花清瘟胶囊，它的主要成分是连翘、金银花、板蓝根、石膏、甘草、藿香、大黄等配制而成。

（“主要成分是……”与“……配制而成”杂糅，只能择一而用。）

2. 复句杂糅

例如：

① 甘肃省博物馆的基本陈列馆，目前分“甘肃丝绸之路文明”“甘肃彩陶”“甘肃古生物化石”“甘肃佛教艺术展”“红色甘肃——走向1949”五个馆组成。

（“分……”与“……组成”杂糅，或说“分……五个馆”，或说“由……五个馆组成”。）

② 这个结论，即使很有根据，但是如果不能说明地球上的无数生物怎样经历变异而达到它们的相当完善的构造和相互适应，因而难以令人满意。

（两对关联词“如果……（就）……”和“（由于）……因而……”杂糅，只能使用一对。）

第十一讲
不合逻辑

有些句子，从语法结构上检查并没有毛病，但不符合概念、判断、推理等形式逻辑或事理逻辑，稍不注意，不容易发现语病，有较大的迷惑性。

所谓不合逻辑，简单讲，就是指句子所表达的意思不符合客观实际情况，不符合事理，不符合事实。不合逻辑包含以下几种情况：

一、概念不当

概念不当的问题在书稿中较为常见，主要表现为概念不清、混淆，定义过宽、过窄以及循环定义、否定定义。编辑应具有查证精神，注意纠错。

（一）概念不清

概念不清是指一个句子中的词语概念不清晰。词语的概念是一个词区别于另一个词的显著特征，应正确把握每个词语在句中的准确用法，否则就易造成语病。

【病例】

华山是我国的五大名山。

【诊断】

“五大名山”是一个集合概念，说这句话的人没有弄清这个概念。“五大名山”指的是我国的东岳泰山、西岳华山、南岳衡山、北岳恒山、中岳嵩山，而华山只是其中之一。全句应改为：华山是我国的五大名山之一。

【病例】

赵州桥、万里长城、莫高窟、黄河、长江都是我国古代的伟大工程。

【诊断】

“工程”泛指投入了较大人力和物力的工作，含有人为建造的因素，也是人改造自然的结果。而说这句话的人没有弄清这个概念，黄河、长江是自然界本就有的，放在这个句子中作为其他三项的并列项并界定为“工程”显然不妥，应删去“黄河”“长江”。全句应改为：赵州桥、万里长城、莫高窟都是我国古代的伟大工程。

【病例】

灯火阑珊的元宵节，家家户户上街看花灯，特别热闹。

【诊断】

“灯火阑珊”是指灯光稀落、昏暗的样子。形容元宵节用“灯火阑珊”不妥，说这句话的人显然没有搞清“阑珊”的概念，可以改为“灯火通明”或“灯火辉煌”。全句可改为：灯火通明的元宵节，家家户户上街看花灯，特别热闹。

（二）概念混淆

概念混淆是指把两个内涵不同或部分相同的概念混在一个句子中进行表达。

【病例】

这种白松露，每磅售价1350美元，价值太高。

【诊断】

“价值”，准确地说，是一个经济学概念，意指体现在商品中的社会必要劳动，而“价格”是指价值的货币表现形式，二者内涵完全不同。从这个句子意思分析，说售价1350美元是价值，显然不合逻辑，为混淆了“价值”和“价格”二者的概念所致，应改“价值”为“价格”。全句应改为：这种白松露，每磅售价1350美元，价格太高。

【病例】

劳教所对在劳改期间表现好的数名劳教人员给以一定奖励。

【诊断】

“劳教”属于行政处罚方式，“劳改”属于刑事处罚方式，二者性质不同，这个句子混淆了二者的概念以致混用。在劳教所，肯定是在“劳教期间”，应改“劳改”为“劳教”。全句应改为：劳教所对在劳教期间表现好的数名劳教人员给以一定奖励。

（三）定义过宽

“定义”是指对一种事物的本质特征或一个概念的内涵和外延的确切而简要的说明。定义过宽是指一个句子在下定义的表述中，下定义概念的外延大于被定义概念的外延。

【病例】

电子体温计就是一种测量温度的电子仪器。

【诊断】

这个句子作为一个定义，其定义的概念“一种测量温度的电子仪器”的外延，实际上要大于被定义概念“电子体温计”的外延，为此，犯了定义过宽的语病，应改“测量温度”为“测量体温”。全句应改为：电子体温计就是一种测量体温的电子仪器。

【病例】

法律就是由国家政权保证执行的行为规则。

【诊断】

这个句子中，“法律”是被定义的概念，“由国家政权保证执行的行为规则”是定义概念；而句中的定义概念“由国家政权保证执行的行为规则”的外延实际上是大于被定义概念“法律”的外延的。为此，应缩小外延，确切表述，应在该定义概念前加上“由立法机关制定”，并在后面加上顿号，使二者在外延上构成同一关系。全句应改为：法律就是由立法机关制定、由国家政权保证执行的行为规则。

（四）定义过窄

从“定义”的概念得知，“定义”要求二者的外延必须是同一关系。定义过窄是指一个句子在下定义的表述中，下定义概念的外延小于被定义概念的外延。

【病例】

事业单位就是国家机关举办的从事社会服务的组织。

【诊断】

这个下定义概念“国家举办的从事社会服务的组织”的外延过小，小于被定义概念“事业单位”的外延。因为事业单位的根本性质是为了国家社会公益目的，但这点没有体现出来；同时，利用国有资产举办的从事社会服务的其他组织也属于事业单位，而这个定义没有包括进来。全句应改为：事业单位就是为了国家社会公益目的，由国家机关举办或者其他组织利用国有资产举办的从事社会服务的组织。

【病例】

商品就是在商店里进行买卖交换的劳动产品。

【诊断】

这个下定义概念“在商店里进行买卖交换的劳动产品”的外延，实际上小于被定义概念“商品”的外延。因为从时代发展的角度看，如今在商店以外的非实体店行商（如网络行商）、地摊上买卖的货物也是商品，为此，这个定义显然不准确。全句可改为：商品就是用来交换的劳动产品。

（五）循环定义

【病例】

侦探就是被人称为侦探的人。

【诊断】

这个下定义概念中同样也包含了被定义概念“侦探”，但未能揭示“侦探”的本质，犯了循环定义的语病，没有精确定义。全句可改为：侦探就是暗中探查机密或调查案情的人。

【病例】

享乐主义就是指享乐主义的思想和作风。

【诊断】

这个下定义概念中又包含了被定义概念“享乐主义”，未能揭示“享乐主义”的本质，犯了循环定义的语病。应确切分析“享乐主义”的本质特点，全句可改为：享乐主义就是一种脱离实际、脱离群众的以自我快乐为准则的不良生活方式和工作作风。

（六）否定定义

【病例】

剩余价值不是工人全部劳动创造的产品价值。

【诊断】

作为定义，用“不是工人全部劳动创造的产品价值”，并不能揭示出“剩余价值”的本质，必须从经济学概念上给出科学的定义。经查阅相关资料了解到，“剩余价值”这个概念是马克思主义政治经济学的核心概念，应将该句重新修改，确切定义。全句可改为：剩余价值就是雇佣工人在生产过程中所创造的、被资本家无偿占有的、超过劳动力价值的那一部分价值。

【病例】

唯心主义就不是唯物主义。

【诊断】

作为定义，如果说“不是唯物主义”就是“唯心主义”，相当于对唯心主义没作任何定义，语病显而易见。应从哲学概念上揭示出“唯心主义”的本质。全句可改为：唯心主义指的是在哲学基本问题上主张精神、意识或理念为第一性，物质为第二性，即物质依赖意识而存在，物质是意识的产物的哲学派别。

二、表意不明

表意不明，主要是指一个句子所表达的内容、意思和传递的思想等会产生歧义，使人不易理解。产生歧义即是指有不止一种的理解或解释。歧义，可细分为以下几种不同情况：

（一）多音字造成的歧义

有很多汉字是多音字，在不同的语境中会有不同的读音。这些多音字在口语表达中，不容易产生歧义，但是在书面语中，会产生歧义。

【病例】

这个人好说话。

【诊断】

这个句子中，“好”字为多音字，当读“hǎo”时，含“容易”的意思，意指这个人容易说话，能听得进去他人的话并接受他人的意见；当读“hào”时，含“喜欢”的意思，意指这个人喜欢说话，话多，爱讲话。故这种情况，若产生了歧义，应根据上下文语境判断作者想要表达的意思并进行准确修改，消灭歧义。

【病例】

今年年初，他还欠款1万元。

【诊断】

这个句子中，“还”字为多音字，当读“huán”时，意指归还欠款；当读“hái”时，指现象继续存在或动作正在进行，意指仍有欠款。故这种情况，若产生了歧义，应根据上下文语境判断作者想要表达的意思并进行准确修改，消灭歧义。

（二）多义字或多义短语造成的歧义

一个句子中，某个词或短语是多义的而使句子意思可能有多种解释，容易造成歧义。

【病例】

天色晚了，电动车还没修好，修车的急坏了。

【诊断】

“修车的”是指“修车的人”，那么，这个“修车的人”可谓是一个多义短语，既可以理解为修车师傅，又可以理解为修车的消费者，到底指谁呢？根据上下文判断后，应予明确，准确修改。

【病例】

不少非洲国家看不上世界杯足球赛。

【诊断】

“看不上”有两种意思，一是因贫困而无电视等设备无法观看，二是轻视、看不起。在这个句子中，是指哪种意思呢？表意不明。根据上下文判断后，应予明确，准确修改。

（三）指代不明引起的歧义

在一个句子中，为避免重复，常常使用一些代替人或事物的词，即代词，如我、你、他、它、我们、咱们、自己、人家等，它要求所指代的对象必须明白、清楚，不得滥用。如果代词用在了不该用的时候或用得不正确，就会造成句子出现指代不明的语病。

【病例】

我与他认识的时候，还是个十来岁的少年，天真无邪，怀揣梦想，总想到大城市去看一看。

【诊断】

“还是个十来岁的少年”对象不明，既可以理解成“我”，也可以理解成“他”，还可以理解成两个人。为此，应该在分句前补上主语“我”或“他”，或“我们”。全句可改为：我与他认识的时候，我们还是个十来岁的少年，天真无邪，怀揣梦想，总想到大城市去看一看。

【病例】

那个有名的作家去世前，希望我能写一篇关于他最中意的学生祁镐的作品的评论性文章，就像他写《〈丁珋选集〉》的序言那种。

【诊断】

这个句子中，前一句有“那个有名的作家”和“他最中意的学生祁镐”两个人，此处“他”指代“那个有名的作家”。但是最后一个分句的“他”指代谁呢？就搞不清楚了。根据句子意思判断，此处的“他”是指祁镐。

全句应改为：那个有名的作家去世前，希望我能写一篇关于他最中意的学生祁镐的作品的评论性文章，就像祁镐写《〈丁珈选集〉》的序言那种。

【病例】

他在那篇论文中写的有关对中国传统文化的看法，批评的人不少。

【诊断】

“批评的人不少”表述不清，是指他的那篇论文中批评的人不少？还是因为这篇论文写得有些问题，受到了不少人的批评？表述不明确，致使产生多种理解。应根据上下文语境进行修改。全句可改为：他在那篇论文中写的有关对中国传统文化的看法，批评了不少人。或者改为：他在那篇论文中写的有关对中国传统文化的看法，受到了不少人的批评。

【病例】

这次出差，我力争说服导师和你一起去，这样你就能学到点新东西。

【诊断】

“我力争说服导师和你一起去”这句话有歧义，含糊不清，到底是“我和你一起去”？还是“导师和你一起去”？指代不明。应根据上下文语境进行修改，如情况是前者，可以改为：这次出差，我力争说服导师，让他同意我和你一起去，这样你就能学到点新东西。

【病例】

患了抑郁症，应注意不要过于封闭自己，这样容易产生自我冲突和矛盾，甚至会导致抑郁加重。

【诊断】

从这个句子的结构看，“这样”指代的是“不要过于封闭自己”，那么就是说“不要过于封闭自己容易产生自我冲突和矛盾”，显然是与句子想表达的意思相反的。为此，“这样”应改为“过于封闭自己”，才能正确表达句子意思。全句应改为：患了抑郁症，应注意不要过于封闭自己，过于封闭自己容易产生自我冲突和矛盾，甚至会导致抑郁加重。

编辑应注意：这种类型的句子迷惑性很大，不容易发现问题，但是仔细研读，经不起推敲。问题关键就出在，前一分句用否定形式引出一个句子，紧接着后一分句立即使用代词，恰恰指代的是前一分句的否定含义，由此便指代了相反的意思。切记这类句子的修改方法，为了避免指代不明的语病，不适用代词，应指代明确。

【病例】

兰州大学出版社给赵俪生先生出文集，是想以一位“布衣学者”的形象给中年学者树立榜样。现在学界不潜心于研究之人不少，淡泊权势、不趋炎附势的人更是不多。赵俪生则是其中一个代表。

【诊断】

前面说“学界不潜心于研究之人不少，淡泊权势、不趋炎附势的人更是不多”，接着说赵俪生就是“其中一个代表”。这样一来，赵俪生也就成为反面学者了，而这与这个句子想表达的意思正好相反。全句可改为：兰州大学出版社给赵俪生先生出文集，是想以一位“布衣学者”的形象给中年学者树立榜样。现在学界不潜心于研究之人不少，淡泊权势、不趋炎附势的人更是不多。赵俪生则是位淡泊权势、不趋炎附势的人。

【病例】

外电报道，深圳一动物园有人向游客出售活鸡，让他们抛给老虎和狮子活活吃掉。他们呼吁“制止这种残忍的活动”。

【诊断】

第一个“他们”，可以理解清楚，指游客；而第二个“他们”指谁？指代不明。句子中出现相邻的两个“他们”，明显所指不同，但又因都使用了“他们”而容易造成误解。从句子的意思分析看，第二个“他们”是指外电报道的作者，为此，可以把第一个“他们”改为“游客”。全句应改为：外电报道，深圳一动物园有人向游客出售活鸡，让游客抛给老虎和狮子活活吃掉。他们呼吁“制止这种残忍的活动”。

【病例】

一些饮食纪录片有令人垂涎于美食的，也有使人沉醉于饮食文化的，还有叫人回味于烟火故事的。下面介绍的这篇美食文章就属于反映这种纪录片的。

【诊断】

这个句子讲到了三种纪录片，后面说的“这种”到底指的是哪一种？让人摸不着头脑。这类病句要根据实际情况加以修改，明确意思。

（四）停顿两可引起的歧义

在一个句子中，停顿的地方不同，句法结构就不同，句意也会有所不同。如果停顿得不恰当，就会产生语病。

1. 联合短语可作不同分析而两可

【病例】

如今的教师节有明文规定，教师节老师也都希望学生别送礼品送祝福。

【诊断】

这个句子中，因为有可以作不同分析的联合短语“送礼品送祝福”，所以可有不同的理解和分割。产生歧义的就是“别送礼品送祝福”。若在“礼品”后停顿，副词“别”就只修饰“送礼品”，意指“别送礼品，送祝福就行”；若在“祝福”后停顿，副词“别”就修饰联合短语“送礼品送祝福”，意指“别送礼品，也别送祝福”。根据句子意思分析，表达这句话的人应想表达的是第一个意思。为此，应该在“礼品”后加逗号，让句意明晰。全句应改为：如今的教师节有明文规定，教师节老师也都希望学生别送礼品，只送祝福。

【病例】

他瞒着老婆和儿女把这笔私房钱分别存入了两家银行。

【诊断】

“他瞒着老婆和儿女”有歧义，是可以作多重分析的联合短语。若在“老婆”后面停顿，那么他只是瞒着老婆一个人；若在“儿女”后面停顿，那么他是瞒着老婆和儿女三个人。为此，这个句子必须联系上下文，考虑在“老婆”或“儿女”后加逗号以消除歧义。此外，这个句子也可看成是由“和”的词性两可产生的歧义。产生歧义的结果是一样的，只是分析过程不一样。“和”为介词时，“和儿女”是介宾短语，在句子中作状语，那么他只是瞒着老婆一个人；“和”为连词时，“老婆和儿女”为并列结构，那么他是瞒着老婆和儿女三个人。这类病句要根据实际情况加以修改，明确意思。

2.单音节词属前读后读不同致两可

【病例】

市上的通知说，让潘市长这个月底前去汇报工作。

【诊断】

这个句子中，“这个月底前”有歧义。“前”是一个方位词，如果属于前读，意指“这个月底前，去汇报工作”；也可以理解为后读，便指“这个月底，前去汇报工作”，“前去”就成为一个谓语动词。为此，这类细究起来有歧义的句子，应该根据上下文语境，修改完善，以明确句意。

编辑应注意：当单音词与它前后两个成分都可以搭配时，就会造成歧义，应恰当修改。

【病例】

爬到山顶才知道，越来越少的食物有多宝贵，我们还要留下一点给晚上来的队友吃。

【诊断】

“晚上来的队友”有歧义。“上”也是个方位词，如果属于前读，则指名词“晚上”加“来的队友”，即“晚上爬到山顶的队友”；如果属于后读，则指形容词“晚”加“上来的队友”，即“后面爬到山顶的队友”。这类病句要根据实际情况加以修改，明确意思。

3.动词后接主谓谓语句致两可

【病例】

小明离家出走几年了一直找不到，要说小明的爸爸不爱他家里人谁也不相信。

【诊断】

“小明的爸爸不爱他家里人谁也不相信”有歧义。若在“他”后面停顿，“不爱”的对象是“他”，即“小明”，这个句子应该是“小明的爸爸不爱他，家里人谁也不相信”；若在“家里人”后面停顿，“不爱”的对象则是“家里人”，即“小明的爸爸不爱他家里人，谁也不相信”。应根据上下文分析作者实际想表达的意思，以决定在“他”或“家里人”后面加逗号。

（五）修饰语两可引起的歧义

修饰语的中心词不明确，会导致不同的理解而造成歧义。

【病例】

县长嘱咐几个单位的领导，来年的各方面工作一定要有新的起色。

【诊断】

“领导”因有两个修饰语“几个”和“单位”而有两种不同理解：一是县长嘱咐一个单位的几个领导，二是县长嘱咐不同单位的领导。故这种情况，应根据上下文语境判断作者想要表达的意思并进行准确修改，消灭歧义。

【病例】

一个外商投资的饮料加工厂今年年底即将建成投产。

【诊断】

“一个”作定语，既可以修饰“外商”，也可以修饰“饮料加工厂”。故这种情况，应根据上下文语境判断作者想要表达的意思并进行准确修改，消灭歧义。

（六）结构切分两可引起的歧义

【病例】

咬死了主人的狗。

【诊断】

这个句子可以看作是动宾结构，表示主人的狗被咬死了，也可以看作是偏正结构，表示这是一条把主人咬死的狗。这类语病，应根据上下文语境判断作者想要表达的意思并进行准确修改，消灭歧义。

【病例】

我要炒肉丝。

【诊断】

这个句子既可以看作是动宾结构“炒肉丝”，主语为“我”；也可以将“炒肉丝”理解为一道菜名，“我”要点“炒肉丝”这道菜。这类语病，应根据上下文语境判断作者想要表达的意思并进行准确修改，消灭歧义。

链接 33

消除歧义的方法

1. 停顿消除法

短语或句子由于结构层次的停顿不同而产生的歧义，可根据句子意思合理地停顿，从而消除歧义。

2. 变换词语法

将单音词变为双音词，以此来消除歧义。

3. 调序消除法

因不同层次和结构关系造成的歧义，可用调整语序的方法来消除。

4. 语境消除法

一些兼类词造成的歧义，可通过结合上下文语境，改用近义词替代的方法消除，同时应用符合语法规范的词性。

5. 变换句式法

在不改变句子表达的中心意思的前提下，通过改变句子表达方式的方法消除某些歧义。

6. 重音消除法

在口语表达时，有些歧义可以通过加重读音来消除。

三、并列不当

有从属、交叉关系的概念，不能并列，非同一范畴的概念也不宜并列。而一旦并列，就会造成语病。

（一）从属关系并列不当

互相并列的概念，应该是按同一标准划分的种概念，外延大的概念包含着外延小的概念。从属关系不当是指一个句子中所列举的一系列概念不属于同一个层次或某种人为的分类出现不当或将从属关系的概念并列。当出现这些情况时，必然会造成语病。

【病例】

医院下面的小广场上，有人打球，有人小跑，有人锻炼身体。

【诊断】

很显然，打球、小跑都从属于锻炼身体，不能再与后面的“锻炼身体”并列。结合句子意思，全句可改为：医院下面的小广场上，有人通过打球、小跑的方式锻炼身体。

【病例】

这个村子的青壮年，有的去了昆明打工，有的去了珠海打工，还有的去了外地打工。

【诊断】

昆明和珠海都是具体的城市，而“外地”显然与这两个具体城市不属于一类。结合句子意思，全句应改为：这个村子的青壮年，有的去了昆明打工，有的去了珠海打工，还有的去了其他城市打工。

【病例】

文创小店里卖的文具真是琳琅满目，有各式各样的笔记本、漫画稿纸、奇形怪状的笔，还有毛绒玩具等。

【诊断】

“毛绒玩具”属于玩具，不属于文具的范畴，致使这个句子从属有问题，应删掉“毛绒玩具”。全句应改为：文创小店里卖的文具真是琳琅满目，有各式各样的笔记本、漫画稿纸、奇形怪状的笔等。

【病例】

报刊、杂志和所有出版物，有责任对规范用字做出表率，增强全社会使用语言文字的规范意识。

【诊断】

“报刊”包括“杂志”，“所有出版物”又包括“报刊”，这种表述过于随意，犯了将种属关系的概念并列的错误。全句应改为：报纸、杂志和图书，有责任对规范用字做出表率，增强全社会使用语言文字的规范意识。

【病例】

我认为学校学生公寓的生活用品和床上用品应由学生自主选购，不应该统一配备。

【诊断】

“生活用品”与“床上用品”是种与属的关系，“床上用品”包括在“生活用品”里面，这个句子并列失当，应删去“床上用品”。全句应改为：我认为学校学生公寓的生活用品应由学生自主选购，不应该统一配备。

【病例】

建党百年的时代背景鼓舞了众多画家和文艺工作者为人民创作更多更好的作品。

【诊断】

“文艺工作者”为大概念，“画家”也包括在这个概念之中，二者不能并列，应删去“画家”。全句应改为：建党百年的时代背景鼓舞了众多文艺工作者为人民创作更多更好的作品。

（二）交叉关系并列不当

一个概念的局部外延与另一个概念的局部外延相同，这两个概念之间的关系即称为“交叉关系”。在一个句子中，交叉关系的概念在使用时如果并列，也会造成不合逻辑的语病。

【病例】

我的那位男性朋友是个文学爱好者，阅读了大量的小说、诗歌、散文以及外国名著。

【诊断】

“小说、诗歌、散文”与“外国名著”有交叉关系，不能并列使用。全句可改为：我的那位男性朋友是个文学爱好者，阅读了国内外大量的小说、诗歌、散文。

【病例】

这所中职学校里的教师大部分是中青年教师，老教师和女教师只占少数。

【诊断】

“中青年教师”和“老教师”及“女教师”均是交叉关系，不能并列使用。因此，应将“和女教师”删去。全句应改为：这所中职学校里的教师大部分是中青年教师，老教师只占少数。

（三）非同一范畴概念并列不当

概念是思维的基本形式之一，反映客观事物一般的、本质的特征。在认识事物的过程中，把所感觉到的事物的共同特点提炼出来加以概括，就形成了概念。从内涵上说，概念总是具有一定的意义范畴，比如“江湖河海”属于自然风物，“亭台楼榭”属于人文景观，然而用在一个句子中并列使用，通常会造成并列不当的语病。为此，在一个句子中，根据上下文语境应予分析判断，不同范畴的概念一般不并列使用。

【病例】

在陈述完学历、工作、收入、爱好等个人简历后，恭喜你，即将进入下一个环节。

【诊断】

简历是个人简要的履历，“学历、工作”情况属于简历内容，但“收入、爱好”不属于简历内容。应将“简历”改为“基本情况”。全句应改为：在陈述完学历、工作、收入、爱好等个人基本情况后，恭喜你，即将进入下一个环节。

【病例】

社区微型健身中心为居民们准备了乒乓球、羽毛球、卡拉OK、棋类、拼图等十余项体育活动。

【诊断】

“卡拉OK”属于娱乐活动，“拼图”严格说应属于智力游戏，也可算作娱乐活动，但归为“体育活动”显然不妥，应将“体育活动”改为“文娱活动”。全句应改为：社区微型健身中心为居民们准备了乒乓球、羽毛球、卡拉OK、棋类、拼图等十余项文娱活动。

【病例】

这家滑雪馆设施齐全，可为滑雪爱好者提供不同档次的滑雪道、雪橇、滑雪板、滑雪鞋、滑雪衣、滑雪手套等器材。

【诊断】

“滑雪鞋、滑雪衣、滑雪手套”不属于滑雪器材，只能称之为“滑雪装备”，不能与“滑雪道、雪橇、滑雪板”并用。全句应改为：这家滑雪馆设施齐全，可为滑雪爱好者提供不同档次的滑雪道、雪橇、滑雪板等滑雪器材以及滑雪鞋、滑雪衣、滑雪手套等滑雪装备。

【病例】

这次少数民族运动会，举行了多类民族体育赛事，主要有赛马、摔跤、赛歌、赛舞、抢花炮等，丰富多彩的比赛形式受到了国内外宾朋和游客的喜爱。

【诊断】

“赛歌”“赛舞”不属于“体育赛事”，应将“体育赛事”改为“文体赛事”。全句应改为：这次少数民族运动会，举行了多类民族文体赛事，主要有赛马、摔跤、赛歌、赛舞、抢花炮等，丰富多彩的比赛形式受到了国内外宾朋和游客的喜爱。

四、划分不当

划分不当是指一个句子中，对所表述的各项之间的划分有误。这种表述基本是存在问题的，经不起推敲的。

（一）划分不全

划分不全是指划分出的子项外延之和小于被划分的母项外延。

【病例】

人体骨骼主要分为躯干骨和四肢骨两种。

【诊断】

作为划分，子项外延之和必须等于母项外延，这个句子的划分显然还缺少一个子项“颅骨”。为此，全句应改为：人体骨骼主要分为颅骨、躯干骨和四肢骨三种。

【病例】

国内常用印刷用纸有：铜版纸、胶版纸、玻璃纸、防潮纸、白卡纸。

【诊断】

作为对“国内常用印刷用纸”的划分，还应包括商标纸、牛皮纸、瓦楞纸、纸袋纸等。显然，这个句子的划分缺失子项较多。为此，全句应改为：“国内常用印刷用纸有：铜版纸、胶版纸、玻璃纸、防潮纸、白卡纸、商标纸、牛皮纸、瓦楞纸、纸袋纸等。”

编辑应注意：有些作者撰写文稿的态度不严谨，在审稿时，遇到相关划分项表述，还需具有调查研究精神，注意勤核查，善于纠错。

（二）混淆根据

混淆根据是指在一次划分过程中采用了两种或两种以上的划分根据，并在同一个句子中表达。

【病例】

编辑人员包括图书编辑、期刊编辑、报纸编辑、社科编辑、文学编辑、文字编辑、美术编辑等。

【诊断】

这个句子对“编辑人员”的划分，实际上分别使用了三个不同的标准。期刊编辑、报纸编辑，是按传播媒介划分；社科编辑、文学编辑，是按学科划分；文字编料、美术编辑是按工作内容划分。显然，这样将三种根据混淆在一起的划分，造成了子项相容，具体应结合上下文修改。

【病例】

飞机可分为载人机、国家航空飞机、民用航空飞机、螺旋桨飞机、喷气式飞机、军用机、歼击机、强击机、轰炸机等。

【诊断】

这个句子对“飞机”的划分，实际上也分别使用了三个不同的标准。国家航空飞机、民用航空飞机是按飞机的用途划分；螺旋桨飞机、喷气式飞机是按飞机发动机类型划分；歼击机、强击机、轰炸机是按军用机类型划分。句中又提到“载人机”“军用机”，显然与其他所述飞机造成了子项相容，具体应结合上下文修改。

编辑应注意：“混淆根据”与“子项相容”的错误往往同时存在于一次划分当中，只是分析的角度不同而已，应注意识别。

五、判断错误

判断是断定某些事物是否存在某种属性的思维过程，如发生误判而没有求证精神并将其表达出来，就会造成语病。

（一）模态混淆

模态混淆是指在表达模态判断的语句中，将“可能”的事误作“必然”的事，或将“必然”的事误作“可能”的事。

【病例】

游乐场人满为患，势必发生踩踏事件。

【诊断】

这个句子用了“势必”二字，表达的是必然肯定模态判断“必然发生事故”，太过绝对；实际上，“发生事故”只是“可能”，并非“必然”，应改“势必”为“可能”。全句应改为：游乐场人满为患，可能发生踩踏事件。

【病例】

这个婴儿不断地咳喘、哭闹，可能是生病了。

【诊断】

这个句子表达的是豁然肯定模态判断“可能是生病了”，而实际上，“婴儿不断地咳喘、哭闹”必然是生病了，不应该用“可能”，应将“可能”改为“应该”。全句可改为：这个婴儿不断地咳喘、哭闹，应该是生病了。

（二）规范不当

规范不当是指在表示规范的语句中，将“必须”的事误作“允许”的事，或将“允许”的事误作“必须”的事。

【病例】

护士可以着装上班。

【诊断】

句中表达的规范判断是“可以（允许）着装上班”，实际上根据护士的职业特性和上班要求，着装不是选择性的，而是必须性的，应该表达为必须肯定规范判断。为此，全句应改为：护士必须着装上班。

【病例】

本棚户区的拆迁户必须回迁。

【诊断】

句中表达的规范判断是“必须回迁”，实际上根据现实情况看，应表达为允许肯定规范判断。为此，全句应改为：本棚户区的拆迁户允许回迁。

六、偷换论旨

偷换论旨的表现为前后论述的问题不一样，改变了所要叙述的命题，而替换为其他论述。对于编辑而言，这种现象在文稿加工中不少见，应具备纠错意识。

【病例】

国内对健康营养学的认识，随着健康理念的普及已基本趋向一致，研究人体营养规律及其改善措施的科学，称之为营养学。

【诊断】

这个句子前面是准备说对“健康营养学”的解释，后面却变成对“营养学”的解释，违反了同一律，犯了“偷换论旨”的错误。这种语病，需放在具体语境中，结合上下文意思进行修改，对“健康营养学”给出正确的解释。

【病例】

什么是小确幸？有的人认为手机响了，拿起手机发现正是刚才想念的人，就是小确幸。有的人则认为打算买的东西正好打折了，就是小确幸。还有的人认为能吃上妈妈做的蛋炒饭，就是小确幸。我觉得：要想得到小确幸，只有在成长的道路上善于满足，善于睁开双眼去发现周围一切美好的事物，才能经常得到小确幸。

【诊断】

这个句子前面提出了问题“什么是小确幸?”中间举了不同的事例，论述到最后说的却是“如何获得小确幸?”，同样违反了同一律，犯了“偷换论旨”的错误。这种语病，也需放在具体语境中，结合上下文意思进行修改，最终落脚点是在所举的不同事例中归纳共性得出结论。全句可参考修改为：什么是小确幸？有的人认为手机响了，拿起手机发现正是刚才想念的人，就是小确幸。有的人则认为打算买的东西正好打折了，就是小确幸。还有的人认为能吃上妈妈做的蛋炒饭，就是小确幸。我觉得：小确幸就是心中隐约期待的小事刚好发生在自己身上的那种微小而满足的幸福感与满足感。

七、自相矛盾

自相矛盾是指一个句子前面的说法与后面的说法不一致，即彼此冲突，存在矛盾。可包括时间、地点、数量、范围、动作、位置、形态、状态等诸多方面的矛盾。同一个句子，应该保持语义逻辑前后的一致性，否则，就会犯自相矛盾的语病。

【病例】

老龚是那次矿难死难者中幸免的一个。

【诊断】

“幸免”的意思是侥幸避免。既然“幸免”，自然是没有死，不能说成是“死难者中幸免的一个”，否则就是自相矛盾，应删去“死难者”。全句应改为：老龚是那次矿难中幸免的一个。

【病例】

我们敬爱的老师一向常常就是这样为人处世的。

【诊断】

“一向”即“向来”，是指过去的一段时间。“常常”即“时常”，表示动作、行为频繁发生。这个句子中，“一向”和“常常”明显自相矛盾。这类句子，应放在上下文的具体语境中择一而用。

【病例】

这篇文章虽然有些言过其实，但还是比较确切地反映了当时学校的艰难办学状况。

【诊断】

“言过其实”的意思就是话说得过分，不符合实际情况，和后面的“比较确切”明显自相矛盾。这类句子，应放在上下文的具体语境中择一而用。

【病例】

我国有世界上没有的秦始皇陵和兵马俑坑。

【诊断】

这个句子中，“有”与“没有”两个词的同时使用致使前后矛盾，按句子意思分析，作者想表达的意思，应改“没有”为“唯一”。全句可改为：我国有世界上唯一的秦始皇陵和兵马俑坑。

【病例】

几场战争的连续胜利增强了中国人民与侵略者斗争的无比信心。

【诊断】

“无比”多指好的方面，没有别的能够达到。这个句子中，既然已经“无比”，如何还能“增强”呢？显然前后矛盾，应删去“无比”。全句应改为：几场战争的连续胜利增强了中国人民与侵略者斗争的信心。

【病例】

汇报工作的前一天晚上，她连夜把借来的相关资料仔细地浏览了好几遍。

【诊断】

“仔细地浏览”中，状语与中心语语义矛盾，“仔细”意指很细致的，而“浏览”只是大概翻阅，为此，应改“浏览”为“阅读”。全句应改为：汇报工作的前一天晚上，她连夜把借来的相关资料仔细地阅读了好几遍。

【病例】

只要稍微深思熟虑一下，就会发现这个意见存在问题。

【诊断】

“稍微”与“深思熟虑”语义有矛盾。“稍微”表示不做深入思考，而“深思熟虑”的意思是进行非常深入细致的思考，二者明显矛盾，应将“稍微”删去。全句可改为：只要深思熟虑一下，就会发现这个意见存在问题。

【病例】

二十世纪九十年代，在激烈的市场竞争中，不少空调企业所缺乏的：一是勇气不足，二是谋略不当。

【诊断】

“缺乏”后面跟了两个带否定词的分句，仔细研判就会发现，这句话表达的意思与要表达的意思正好相反。要表达的意思是：我们所缺乏的，一是勇气，二是谋略；而非“勇气不足”“谋略不当”。全句应改为：二十世纪九十年代，在激烈的市场竞争中，不少空调企业所缺乏的：一是勇气，二是谋略。

【病例】

由甘肃省歌舞剧院创排的大型经典舞剧《丝路花雨》定于下月中旬在

国家大剧场上演，日前节目正在紧张的排练之中。

【诊断】

“日前”一词的意思是“几天前”，后面紧跟着“正在”一词，明显矛盾，属于“过去时”与“现在时”的矛盾，应将“日前”改为“目前”。全句应改为：由甘肃省歌舞剧院创排的大型经典舞剧《丝路花雨》定于下月中旬在国家大剧场上演，目前节目正在紧张的排练之中。

【病例】

这款跑车在造价方面是其他同级别跑车的1.2至1.5倍，优势明显；在车身线条、动力加速、操控性、舒适性等方面极具竞争力。

【诊断】

“造价方面是其他同级别跑车的1.2至1.5倍”和“优势明显”前后矛盾，不合事理；而后面提到“极具竞争力”，又具有明显转折的意思，为此，应将“优势明显”删除。全句应改为：这款跑车在造价方面是其他同级别跑车的1.2至1.5倍，但在车身线条、动力加速、操控性、舒适性等方面极具竞争力。

八、主客颠倒

一个句子表述的对象有主客之分，即有主动者与被动者之分。有时表达出现主客颠倒的现象，就会出现不合逻辑的语病。

【病例】

施耐庵的《水浒传》对于许多外国企业家是不陌生的。

【诊断】

这个句子犯了主客颠倒的毛病，“《水浒传》”是物，为客体；“外国企业家”是人，为主体。为此，“《水浒传》”如何能对“外国企业家”陌生呢？受体不能对于主体陌生，而是应该相反。为此，应将主客位置颠倒以消除语病。全句应改为：许多外国企业家对施耐庵的《水浒传》是不陌生的。

【病例】

敦煌文博会的诸多情况，对我还很不熟悉。

【诊断】

显而易见，这个句子犯的毛病同上句。主客体施受搞反了，全句应改为：我对敦煌文博会的诸多情况还很不熟悉。

【病例】

在下乡扶贫期间，农民们向我们吐露了很多心声，农民们的话对我们这些基层干部很有感触。

【诊断】

“有感触”的动作发出者应是“我们”而不是“农民们的话”，所以，此句属于主客颠倒。全句应改为：在下乡扶贫期间，农民们向我们吐露了很多心声，我们这些基层干部对农民们的话很有感触。

编辑应注意：这类语病在平时口语表达时非常普遍，因表达惯性，在审稿时也容易忽视，具有相当强的隐蔽性，但仍应注意规范使用。

【病例】

法国艺术工作者对位于中国河西走廊西端的敦煌莫高窟留下了深刻的印象。

【诊断】

这个句子同样犯了主客体颠倒的语病。“艺术工作者”是主体，“敦煌莫高窟”是客体。陈述主体时，应陈述为“主体对客体有印象”；陈述客体时，应陈述为“客体给主体留下印象”。全句应改为：位于中国河西走廊西端的敦煌莫高窟给法国艺术工作者留下了深刻的印象。或者改为：法国艺术工作者对位于中国河西走廊西端的敦煌莫高窟有深刻的印象。

九、否定失当

为增强表达效果，有些句子中多次运用否定，结果却与本意相反。出现这类语病的原因主要有两个：一是误用否定副词；二是误用反问句，即没有理解“反问句本身就表示一重否定”这个规则。

【病例】

谁也不能否认海啸的程度不是海水深度决定的这个事实。

【诊断】

“不能”“否认”“不”是三重否定，恰恰说明海啸的程度不是海水深度决定的，与事理不符。全句应改为：谁也不能否认海啸的程度是海水深度决定的这个科学事实。

【病例】

这几十年来，古萍和老伴几乎无时无刻不忘打问走失的儿子的消息，心力交瘁。

【诊断】

“无时无刻不忘”即“时时刻刻都忘”，与这个句子想表达的意思恰好相反，应改为“无时无刻都在”。全句应改为：这几十年来，古萍和老伴几乎无时无刻都在打问走失的儿子的消息，心力交瘁。

【病例】

一年一度的艺考可谓万众瞩目，考生在考场考试，而场外的家长无时无刻都在焦急地等待着。

【诊断】

“无时无刻都”与这个句子想表达的意思恰好相反，应改为“无时无刻不”，因“无时无刻不”即“时时刻刻都”，才能符合句意。全句应改为：一年一度的艺考可谓万众瞩目，考生在考场考试，而场外的家长无时无刻不在焦急地等待着。

【病例】

如今很多人喜欢网络购物，怎样才能避免合法权益不受侵害，有关部门对此做出了相关提示。

【诊断】

“避免”相当于一重否定，再加上否定词“不”则是双重否定，与该句所要表达的意思恰好相反。全句应改为：如今很多人喜欢网络购物，怎样才能避免合法权益受侵害，有关部门对此做出了相关提示。

【病例】

这个时代，女性猛然间成为社会的“宠儿”，对女性的褒义称呼不胜枚举。女性老师被称为“美女老师”，我还听过“美女作家”“美女主持”等的说法，估计没被我漏举的还有不少。

【诊断】

两个否定词连用——“没”和“漏举”，恰好把意思说反了，犯了否定失当的毛病。全句应改为：这个时代，女性猛然间成为社会的“宠儿”，对女性的褒义称呼不胜枚举。女性老师被称为“美女老师”，我还听过“美女作家”“美女主持”等的说法，估计被我漏举的还有不少。

十、不合事理

不合事理的句子，意指不合常理，违反常规，即不符合事情约定俗成的发展规律，不符合大家原本的认知及众人所认同的处事法则，与合情合理的意思恰恰相反。

【病例】

科学的发展逼得反科学的人不得不戴上伪科学的面具来反对科学。

【诊断】

仔细分析这句话，“面具”本意即指假的面具，已具有伪装和蒙蔽色彩，那么，“伪科学”如何再“戴上面具”呢？显然不合事理，与作者想表达的意思恰恰相反，应该是“科学”“戴上面具”才合事理，为此，应删除“伪”字。全句应改为：科学的发展逼得反科学的人不得不戴上科学的面具来反对科学。

【病例】

政府要求立足防汛、抗旱、抢险，做到排查在前、排险在前、预防在前，竭尽全力确保人民群众的生命财产安全。

【诊断】

此句不合事理。在面临洪灾的情况下不可能布置抗旱工作，应删去“抗旱”。此外，“排查在前、排险在前、预防在前”也不符合实际，顺序有误，应改为“预防在前、排查在前、排险在前”。全句应改为：政府要求立足防汛、抢险，做到预防在前、排查在前、排险在前，竭尽全力确保人民群众的生命财产安全。

十一、因果倒置

因果倒置是一种在相对确定的条件下把原因和结果相互颠倒，视结果为原因或视原因为结果而引起的语病。

【病例】

白昼现象是太阳公转的主要原因。

【诊断】

这个句子犯了因果倒置的毛病，太阳公转是因，白昼现象是果。全句应改为：太阳公转是白昼现象的主要原因。

【病例】

最近两年，互联网市场上一批免费上网的服务公司应运而生，它们吸收了众多的用户，向市场推出了更加优惠的服务方式。

【诊断】

“推出了更加优惠的服务方式”是因，“吸收了众多的用户”是果，这个句子犯了因果倒置的毛病，应将这两个分句颠倒过来。全句应改为：最近两年，互联网市场上一批免费上网的服务公司应运而生，它们向市场推出了更加优惠的服务方式，吸收了众多的用户。

【病例】

由于世界性能源危机，全球能源消耗总量剧增，煤和石油遭到掠夺性开采，储量锐减。

【诊断】

该句显然也是因果倒置了。“全球能源消耗总量剧增，煤和石油遭到……”是因，“世界性能源危机”是果。可以将“由于”改成“之所以发生”，再在“全球能源”前面加上“是因为”。全句应改为：之所以发生世界性能源危机，是因为全球能源消耗总量剧增，煤和石油遭到掠夺性开采，储量锐减。还有一种改法：由于全球能源消耗总量剧增，煤和石油遭到掠夺性开采，储量锐减，所以发生了世界性能源危机。

【病例】

由于世界性水危机，地表水和地下水遭到不同程度的污染，水质日益恶化。

【诊断】

这个句子颠倒因果关系造成了语病。“由于”引导的是因果关系复句，而根据句子意思可知，只有“地表水和地下水遭到不同程度的污染，水质日益恶化”，才能造成“世界性水危机”。全句应改为：由于地表水和地下水遭到不同程度的污染，水质日益恶化，导致世界性水危机。

编辑应注意：关联词都有一定的逻辑关系，如因果、转折、递进、条件等关系，只有弄清楚句子的逻辑关系，才能纠错。

十二、反问误用

反问句的特点是运用疑问的形式来表示肯定或否定的意思。肯定形式的反问表示否定的内容，否定形式的反问表示肯定的内容。如违反这一规则，则会造成语病。

【病例】

面对这么好的人才政策，能不无动于衷吗？

【诊断】

“无动于衷”意指心里一点也不感动，而前面的“不”等于是反问，反问相当于一层否定，故句子呈现的意思与作者本想表达的意思恰好相反，应删去“不”。全句应改为：面对这么好的人才政策，能无动于衷吗？

【病例】

这样一个从磨难走向胜利再走向辉煌的百年大党，焉能无往而不胜呢！

【诊断】

“焉能无往而不胜”是反问句形式，意指不能无往而不胜，故应改为陈述句形式，即改为“是无往而不胜的”，才符合逻辑，句子的意思才能通顺。全句应改为：这样一个从磨难走向胜利再走向辉煌的百年大党，是无往而不胜的！

十三、关联词不合逻辑

关联词不合逻辑也可理解为关联词与句子意思不搭配，即造成强加的关系，以致不合逻辑的语病产生。

【病例】

强强联合制作的这场舞台剧，让人们不仅看到了中国舞台剧的整体实力，而且看到了中国舞台剧在现代化创新上迈出的可喜一步。

【诊断】

这个句子犯了不合逻辑的语病。“不仅……而且”所引导的前后分句表示的是递进关系。既然为递进关系，就要从逻辑上遵循由浅入深、从小到大的顺序规律，所以应该先有“中国舞台剧在现代化创新上迈出的可喜一步”，然后才有可能“看到了中国舞台剧的整体实力”，应将两个分句顺序互换。全句应改为：强强联合制作的这场舞台剧，让人们不仅看到了中国舞台剧在现代化创新上迈出的可喜一步，而且看到了中国舞台剧的整体实力。

十四、副词不合逻辑

一个句子中，副词通常是可以平衡前后分句的逻辑关系的。如果没有正确运用好副词，也容易造成不合逻辑的谬误。

【病例】

城市的各类资源越来越少，城市的人口也越来越多。

【诊断】

副词“也”表示两件同类的事情，如：“我是兰州人，你也是兰州人。”而这个句子中，“各类资源越来越少”与“城市的人口也越来越多”，这两件事情并不属于同类，不能用“也”连接，应该把“也”改为表示转折的副词“却”。全句应改为：城市的各类资源越来越少，城市的人口却越来越多。

【病例】

昨天，天气预报有雨，许多人却带着雨具。

【诊断】

“天气预报有雨”，所以“许多人带着雨具”，其间没有转折，不能使用转折副词“却”，可以把表示转折的“却”改为表示范围的“都”。全句可改为：昨天，天气预报有雨，许多人都带着雨具。

【病例】

越开到山顶就感到惊喜，城市的繁华景象尽收眼底。

【诊断】

副词“越”往往要两个连用，表示程度随着事态的变化而加深，而这个句子只有一个“越”，显然句子意思不通。全句应改为：越开到山顶就越感到惊喜，城市的繁华景象尽收眼底。

十五、推理错误

推理错误常见的表现为大前提有问题，即不真实，这点在日常生活中最为常见，因为大多人说话总是喜欢省略掉大前提，从而忽略了其中的逻辑漏洞。

【病例】

所有犯罪行为都是违法行为，所以，所有违法行为都是犯罪行为。

【诊断】

根据推理规则，这种判断换位必须对结论的主项加以限制，并非所有违法行为都是犯罪行为，为此，应将结论“所有违法行为”改为“有些违法行为”。

【病例】

这个二十出头的姑娘住在高档小区的豪宅里，她一定是个“富二代”。

【诊断】

这个句子，虽然推理形式正确，但犯了“前提虚假”的错误，凡住高档小区的豪宅者都是“富二代”，显然这个大前提并不真实，为此，不能得出真实结论。这类语病应根据上下文，结合语境判断想要表达的具体意思，再进行准确修改。

【病例】

罗某某在兰州居住，而凡在兰州居住的人都是兰州人，所以罗某某是兰州人。

【诊断】

这个句子，虽然推理形式无误，符合推理规则，但大前提“凡在兰州居住的人都是兰州人”并非一个真判断，所以推出的结论有误，句意表达不合逻辑。这类语病应根据上下文，结合语境判断想要表达的具体意思，再进行准确修改。

编辑应注意：在日常表达中，运用概念、判断和推理，除需遵守各自具体的规则外，还要遵守逻辑思维基本规律。

第十二讲

修辞不当

“修辞”在《现代汉语词典》（第7版）中给出的释义为：修饰文字词句，运用各种表现方式，使语言表达得准确、鲜明而生动有力。

修辞的两大手法，即消极修辞与积极修辞。消极修辞即指误用词义、混淆词类、残缺或赘余、歧义句、语体不当等，这些内容已在其他各讲均有涉及，本讲不再涉及。积极修辞主要指较为常见的比喻、比拟（拟人、拟物）、夸张、排比、借代、对偶、反复、反问、设问等修辞手法，当然也包括不常见的反语、借代、引用等修辞手法。运用修辞不当而出现语病时该如何修改，在本讲，仅以最常见的几种修辞手法，即比喻、拟人、排比和夸张来举例分析。

编辑对一个句子修辞手法使用正误的辨析，首先要知晓该修辞手法的定义，理解其要点；其次要掌握各种修辞手法的特征，注意辨析它们之间的易混淆点。

一、比喻不贴切

比喻，即打比方。根据事物之间相似点把某一事物比作另一事物，把抽象事物变得具体，把深奥的道理变得浅显，用比喻法描写事物，使事物变得形象、鲜明、生动，可以使读者加深印象。但如果比喻运用不当就容易造成病句，适得其反。

【病例】

喜欢读书的人们都在认真地看书，图书馆里静得犹如一潭死水。

【诊断】

这个句子是想通过比喻来说明图书馆的安静，喜欢读书的人们看书的兴致高，但“一潭死水”是用来比喻气氛或局面沉闷，没有生机；用在这里，非但没有表达出想要的效果，反而造成语义矛盾。很多时候，修辞手法需要用贴切的词语或成语来表达，二者中的任何一个使用不当，都会造成句子的表达面目全非，原则是：修辞手法能用则用，不适合用时宁可不用。全句不如改为：喜欢读书的人们都在认真地看书，图书馆里静悄悄的。

【病例】

这本被评为“2021年度中国好书”的书简直太精彩，我捧着它根本不愿放下，就像蚊子吸血一样。

【诊断】

用蚊子吸血来比喻自己对书的喜爱，比喻不当。这种比喻多用于贬义，让人心生厌恶，用在此处不妥。全句不如改为：这本被评为“2021年度中国好书”的书简直太精彩，我捧着它犹如捧着至宝一样，爱不释手。

【病例】

远看长城，像一条蜿蜒的蛇，在崇山峻岭之间盘旋。

【诊断】

长城是中华民族的象征，不能用“蛇”比喻，应改为“龙”更为贴切。再者，“蜿蜒”也不能修饰“蛇”，应移至“盘旋”之前。为此，整个句子除了比喻不当，还存在其他语病。全句可改为：远看长城，像一条巨龙，在崇山峻岭之间蜿蜒盘旋。

【病例】

汽车在弯弯曲曲的山道上疾驰，如离弦之箭一般。

【诊断】

这个句子比喻不当，缘于前后句表意有冲突。“离弦之箭”的方向是直直向前的，故与“弯弯曲曲”的山道不搭配，虽然有“疾驰”二字显得驾驶速度快，也不能如此比喻。从这个句子的意思分析，“弯弯曲曲的山道上”也不可能“疾驰”，故也犯了不合逻辑的语病。很多时候，比喻不当的语病表现为过分添加修饰词，实则冗余，完全没有必要，正常表述即可。全句不如改为：汽车在弯弯曲曲的山道上行驶。

链接 34

有喻词但并非比喻的句子

一个句子是不是运用了比喻的修辞手法，即是不是比喻句，不能只看有没有喻词。虽有喻词，但并非比喻句的情况有下列四种：

1. 同类相比

如：他的处事风格跟他的父亲很像。

2. 表示猜度

如：她们刚才好像去买东西了。

3. 表示想象

如：就在结果即将揭晓那一刻，我仿佛能听见自己的心跳。

4. 表示举例的引词

如：一个成功人士的背后应该有一个团体，就像坐在主席台最中间的那位一样。

二、拟人不当

拟人是把事物当作人来写，赋予事物以人的动作或思想感情。拟人手法使用得好能增强语言的表达效果，增强渲染力，但若使用不当容易造成语病。常见的拟人不当表现在运用拟人手法时不注意事物的特征或感情色彩不当等。

【病例】

稻子压弯了腰，高粱憋红了脸。

【诊断】

这个句子用拟人的手法描写了稻子、高粱成熟的景象。但“憋”和“压”两个动词的使用给人一种不适感，运用的感情色彩并不得当。若用“涨”替换“憋”，用“笑”替换“压”，一方面能形象说明稻子、高粱颗粒饱满，另一方面又能让人体会到丰收的喜悦之情。全句可改为：稻子笑弯了腰，高粱涨红了脸。

链接 35

比拟小议

比拟是把甲事物模拟为乙事物来描写的一种修辞方式，有增强句子鲜明的感情色彩、描绘生动形象和丰富表意的作用。分为拟人和拟物两种。

拟人：是指把物当作人来写，赋予“物”以人的言行或思想感情，即把事物“人化”。如：

真理它却不会弯腰。

秋天以翩跹之姿踏碎了夏天的流言。

拟物：是指把人当作物来写，使人具有物的情态或动作，即把人“物化”或把此物当作彼物来写，把甲物乙物化。如：

敌人夹着尾巴跑了。

“老虎团”的士兵嗷叫着冲了过来。

【病例】

梅花在严寒中冒着风雪昂首挺胸，无所畏惧。

【诊断】

这句话欲用形象、生动的笔触写出梅花的姿态和精神。然而，“冒”只写出梅花在风雪中的一般状态，属拟人不当。若将“冒”替换成“顶”，就既能体现出梅花立在风雪中的挺拔姿态，又能体现出梅花不畏寒冷、坚强不屈的精神。全句可改为：梅花在严寒中顶着风雪昂首挺胸，无所畏惧。

【病例】

秋雨跳着欢乐的舞蹈，一下就是几天，什么活也干不了，真闷死人了。

【诊断】

既然将“秋雨”拟人为“跳舞”，并且赋予其欢乐的情绪跳舞，后面却体现出人们的烦闷心情，前后表述显得很不协调，为此，属拟人不当，应将句子放在上下文的具体语境中修改。

链接 36

比拟与比喻的区别

区别一：

比拟是仿照拟体的特点描写本体，重在“拟”；比喻是用喻体比方本体，重在“喻”。

区别二：

比拟的本体和拟体交融在一起，本体必须出现，拟体一般不出现；比喻的本体和喻体为“一主一从”的关系，本体可以出现，也可以不出现，而喻体必须出现。

三、排比失当

排比句是把三个或三个以上意义相关或相近、结构相同或相似、语气相同的词组或句子并排在一起组成的句子。排比句在句式上面，因为比较工整，给人一种视觉上的舒适感和理解上的亲近感。用排比来说理，朗朗上口，说服力较强，可收到条理清晰、深化句意重点的效果；用排比来抒情，节奏感强，富有韵律感，显得感情洋溢、气势强烈；用排比来叙事写景，能达到层次清楚、描写细腻、形象生动的效果。

【病例】

他没有拿过集体一根草，从来不多吃集体一口粮，没有浪费集体一分钱。

【诊断】

对于排比句而言，多个句子不仅结构要相同或相似，而且用词、语气也要基本一致。这个句子中，第一个分句为“没有……”，第二个分句为“从来不……”，第三个分句又为“没有……”，显然犯了排比不当的语病。应将第二个分句的“从来不”改为“没有”。全句应改为：他没有拿过集体一根草，没有多吃集体一口粮，没有浪费集体一分钱。

编辑应注意，如果某些句子在运用排比时，其中某一个分句是病句或格式与其他句子不同，那么，非但不能实现增强语言气势的目的，还会出现排比不当的语病。

【病例】

今年评选出来的几位优秀共产党员是我们大家学习的榜样、学习的楷模、学习的表率、学习的模范。

【诊断】

“榜样、楷模、表率、模范”是四个同义词，生硬地把它们并列在一起成为排比句，想要增强表达的效果，反而适得其反，显得重复、牵强，择一即可。全句可改为：今年评选出来的几位优秀共产党员是我们大家学习的楷模。

四、夸张失真

夸张是为了达到某种表达效果的需要，用言过其实的说法，对事物的形象、特征、作用、程度等方面刻意夸大或缩小，给人造成更为突出、更为强烈的印象的修辞手法。

夸张不当就是指夸张的修辞手法运用得不恰当，是由于对词语所描绘的对象缺乏深入辨别，而把描述大范围的、强烈的、特殊情形的夸张性词语，用于小范围的、非强烈的、一般性的事物之中。夸张运用不恰当，反而起不到想表达的效果，造成所谓“夸张不当反失真”。

【病例】

漆大嫂讲到她意外身故的一双儿女时，眼泪就像自来水似的喷射出来。

【诊断】

眼泪再多也不可能像“自来水”一样，更不可能是“喷射出来”。像这类句子，不应运用夸张的修辞手法，正常用一个“涌”字即足够表达眼泪流出的状态。全句可改为：漆大嫂讲到她意外身故的一双儿女时，眼泪就涌了出来。

【病例】

一粒芝麻顶破天。

【诊断】

这个句子运用的夸张手法完全脱离客观实际，让人觉得不可信，这种夸张就是过分得不真实了。正确改法应将句子放在上下文的具体语境中修改。

链接 37

夸张手法的正确运用

扩大夸张：刻意把一般事物往它所归属的属性上扩大着说，以揭示本质，给人以启示。如：

白发三千丈，缘愁似个长。

母亲种的桂花很香，香飘十里。

缩小夸张：刻意把一般事物往它所归属的属性上缩小着说，以烘托气氛，给人以感染力。如：

芝麻大点的事，不劳您烦心。

五岭逶迤腾细浪，乌蒙磅礴走泥丸。

超前夸张：在两件事物之中，刻意把后出现的事提前说出来，以增强联想，给读者营造气氛。如：

李医生给人看病，药方没开，病就好了三分。

看见这样鲜绿的麦苗，就嗅出白面馍馍的香味来了。

第十三讲

数量表达不当

汉语的量词很多，是单独的一个词类，如表示人、事物或动作的单位的词“个、只、头、件、条、副、匹、根、块、种、寸、尺、斤、亩、升”等，它们经常跟数词一起使用；而在其他外语里，没有量词这样一个特殊的词类，只有汉语有。

数词是指表示数目的词，其连用或者加上别的词，可以表示序数、虚数、分数、倍数、概数等，如“第二、七成、百分之五十、十倍、十七八、三四十、五十上下”等。数词一般不能和名词直接组合使用，中间要有量词。如不能说“四猫”，只能说“四只猫”。

由于量词和数词关系密切，因此，把它们合起来称为“数量词”。数量词的使用看似简单，实际不简单，一旦用错了，轻则语义表述不清，重则会给相关工作造成不可弥补的损失。如在数词后面加上量词“倍”即表示倍数，一般用来说明数目的“增加”情况，对于“增加了多少倍”和“增加到多少倍”，区别甚大，一定要注意正确表达。

数量表达不当的类型主要分为以下几种：

一、量词误用

什么量词能与什么名词组合，在现代汉语里，是有一定搭配规律的，如不能很好遵循，则会出现语病。

【病例】

南宋诗人陆游的这首词，表达了作者对当权者的怨恨和不满，空有一腔报国之心却无法施展抱负的思想感情。

【诊断】

“报国之心”的“心”，量词应该是“颗”，不能论“腔”。应将“之心”改为“热血”，“一腔热血”就通顺了。全句可改为：南宋诗人陆游的这首词，表达了作者对当权者的怨恨和不满，空有一腔报国热血却无法施展抱负的思想感情。

【病例】

他给孩子联系到了一家双语学校就读，除了学费高，每天来回的路程就要三小时。

【诊断】

这个句子中，量词“家”使用不当，应该说“一所”学校，而不说“一家”学校，为此，应将“家”改为“所”。全句可改为：他给孩子联系到了一所双语学校就读，除了学费高，每天来回的路程就要三小时。

【病例】

2021年第35届北京图书订货会吸引了700多间出版社的40余万种图书参展，还有200多场阅读推广活动推出。

【诊断】

这个句子中，量词“间”使用不当，“出版社”在普通话中习惯说“家”不说“间”，应将“间”换为“家”。全句可改为：2021年第35届北京图书订货会吸引了700多家出版社的40余万种图书参展，还有200多场阅读推广活动推出。

编辑应注意：量词在普通话和各地方方言里有各自的习惯，有的相同，有的不同。为规范普通话，需要提醒说方言的作者在写作时留心普通话中量词的用法。

【病例】

几十匹骑兵呼啸而过，百姓们纷纷躲进就近的屋檐下。

【诊断】

这个句子中，量词“匹”使用不当，“骑兵”是“骑着马的兵”的意思，主词（中心词）是“兵”不是“马”，不能用“匹”来修饰，应换为“个”。全句应改为：几十个骑兵呼啸而过，百姓们纷纷躲进就近的屋檐下。

链接 38

量词小议

量词是用来表示计量的单位。在现代汉语中，说明事物的数量、时间的数量、行为动作的数量以及说明事物的先后次序、时间的先后次序、行为动作的先后次序，一般都需要数词和表示计量单位的词结合使用。量词通常位于数词和名词之间。

1. 量词可充当的句法成分

量词可以充当定语、状语或补语等。如：

两个孩子（作定语）

一把推开（作状语）

读三次（作补语）

量词不仅数量多，使用频率也很高，而且用法较复杂。单音节量词大多可以重叠使用，重叠后则表示“每一、逐个、多、”的意思，它们能单独充当主语、谓语、定语、状语，但不能作宾语、补语。但是，量词重叠作谓语时，不表示“每一、逐个”的意思，而表示“多”的意思。如：

场场爆满（作主语，表示“多”）

浪花朵朵（作谓语，表示“多”）

条条大道（作定语，表示“每一”）

代代相传（作状语，表示“逐个”）

由数词和量词组成的数量短语也可以重叠，组成“一A一A”或“一AA”式。它们可以作主语、定语、状语。如：

这些老歌，一首首都是经典。（作主语，表示“每一”）

桌上放着一瓶瓶的饮料。（作定语，表示“多”）

学生们一队一队地走进电影院。（作状语，表示“依次进行”）

有时候，数词和量词之间插入一个形容词，还可以组成“形容词+量词”的形式，表达对量的大小的强调，含有一定的夸张意味。如：

他中午吃了一大碗面。

我过生日，他只送了我一小包零食。

量词有时还可以单独作句法成分，如：包子论个，油条论条。

2.不同量词搭配的不同意义

同一个名词可以搭配的量词通常不止一个。同一个名词与不同量词结合时，意义不大相同。具体表现有：

使用不同量词表达感情色彩的不同，如：

一位医生（含敬意）/一个医生（中性）

一群人（中性）/一伙人（倾向贬义）

使用不同量词表达事物形状的不同，如：

一片肉（较薄）/一块肉（方形、较大的或一坨）

一片药（圆形、扁平的）/一粒药（颗粒状、小而圆的）

使用不同量词表达事物数量的不同，如：

一朵花（一朵）/一束花（很多朵）

一根筷子（一根）/一双筷子（两根）/一把筷子（很多根）

使用不同量词表达事物性质或范围的不同，如：

一部手机（个数）/一款手机（款式）

一节课（45分钟的课堂教学）/一门课（特定内容的课程）

3.最大特点

从语法意义上看，量词的最大的特点是它只能跟数词或指示代词“这”“那”或疑问代词“哪”结合使用。如：

两年/这年/那年/哪年

四张/这张/那张/哪张

【病例】

这次事业单位招录考试，报考行政岗位的最多，达220人次。

【诊断】

这个句子中，“人次”使用不当。“人次”为复合量词，表示活动的次数和人数的总和，如：5个人参观一次就是5人次。在统一的考试时间里，不可能一个人同时参加多次考试，故应改为“人”。全句可改为：这次事业单位招录考试，报考行政岗位的最多，达220人。

【病例】

花园口水文站出现总共2780秒立方米的洪水。黄河防汛总指挥部要求做好防汛的一切准备。

【诊断】

“秒立方米”是一个复合量词，可用来计量单位时间里通过河渠或管道某处断面的流体的量。由于计量的是单位时间里的量，并不是总量，不能说“总共2780秒立方米的洪水”，而应该是说水流量，因此，要删去“总共”，并把“2780秒立方米的洪水”改为“2780秒立方米的洪峰流量”。全句可改为：花园口水文站出现总共2780秒立方米的洪峰流量。黄河防汛总指挥部要求做好防汛的一切准备。

编辑应注意：复合量词常被误认为是名词，容易错误地出现在中心语和主语的位置上，这是需要特别提防的。

链接 39

复合量词小议

复合量词是指由两个以上不同的量词复合而成的词，在科技领域的使用较为广泛。常见的，如："人次、架次、辆次、台次、秒立方米、吨公里、吨海里"等。

"人次"是人数和次数的总和。"架次"是飞机飞行架数和次数的总和，专用来说明飞机出动的情况，一架飞机出动一次叫"一架次"，"十架次"可以指一架飞机出动十次，也可以指两架飞机出动五次、五架飞机出动两次，还可以指十架飞机出动一次，等等。"吨公里"是指货物运输的情况，"一吨公里"是指一吨货物运输一公里。"千米小时"是用来说明时速的。

【病例】

你病一下我看还病好了，变苗条了呀！

【诊断】

现代汉语中，有不少动词可以组成"动词+一下"的格式来表示试试看或动作在短时间内完成的意思，如"看一下、等一下"等。但并不是所有的动词都可以如此，只有表示自己可控的动作或发生、发展的动词才可以加上动量词"下"，而表示自己不可控的动作或发生、发展的动词就不可以了。如"病、完、遇"这些表示经历的词语，它们表示的动作只能发生而不能被控制，所以不能说"病一下、完一下、遇一下"。因此，这里的"病一下"可改为"病了"。全句可改为：你病了我看还病好了，变苗条了呀！

【病例】

就顾客联名投诉问题，酒店集团领导向相关调查组郑重地解释了一通。

【诊断】

用“通”来计量的时候，带有贬义的倾向，常用来形容动作比较随意、凌乱，如“乱聊了一通、胡诌了一通”。但这个句子中说的是“郑重地解释”，所以应改用表示费时较多或过程较长的动量词“番”。全句可改为：就顾客联名投诉问题，酒店集团领导向相关调查组郑重地解释了一番。

链接 40

动量词小议

量词具有明显的汉语特色。传统汉语语法里，将动量词分为专用动量词和借用动量词。

专用动量词较少，一般不再分类，如：“回、遍、次、趟、番、顿、场、遭、阵”等。

借用动量词包括以下几种：

时间动量词，如：“年、月、日、时、分、点”等。

工具动量词，如：“写一笔、砍一刀、放一枪、抽一鞭子、敲一棒子”等。

器官动量词，如：“看一眼、听一下、扇一巴掌、打一拳、踢两脚”等。

伴随动量词，如：“跨一步、转一圈、喊一声、走一程”等。

同形动量词，如：“看一看、唱一唱、敲一敲、拍一拍、摸一摸、走一走、想一想、等一等、踩一踩”等。

二、概数误用

数词可以和别的词连用表示概数，但这种组合是有一定规则的，如果违反了这个规则，就会造成概数误用，影响语言的表达效果。虽然这类误用对口头交际的影响不大，不会影响基本理解，但对书面语的规范性来说是有违背的。

【病例】

杉杉奥特莱斯购物商城开业第一天，近2万多人前来购物。

【诊断】

把表示概数的词语“近”和“多”放在一起，让人搞不清楚前来购物的人数究竟是2万多人，还是不到2万人，应视情况删除一个概数词以使表达准确。全句可改为：杉杉奥特莱斯购物商城开业第一天，近2万人前来购物。或改为：杉杉奥特莱斯购物商城开业第一天，2万多人前来购物。

【病例】

这一箱山东莱阳梨大概10斤左右。

【诊断】

既用了“大概”，又用了“左右”，属于冗余，应视情删去一个概数词，删去后实际表达的意思一样。全句可改为：这一箱山东莱阳梨大概10斤。或改为：这一箱山东莱阳梨10斤左右。

【病例】

这些采来的荠菜，至少要花一小时左右的时间才能择干净。

【诊断】

“至少”表示最小的限度，“一小时左右”是个概数，包括不到一小时和一个多小时。这里既用了“至少”，又用了“左右”，属于语焉不详，应视情况删去一个概数词，删去后实际表达的意思一样。全句可改为：这些采来的荠菜，至少要花一小时的时间才能择干净。或改为：这些采来的荠菜，要花一小时左右的时间才能择干净。

【病例】

第七次全国人口普查显示兰州市常住人口，约4359446人。

【诊断】

“4359446人”是定数，而“约”是概数，两者组合在一起，数量就显得不明确了。应当把“约”改为“为”。全句可改为：第七次全国人口普查显示兰州市常住人口，为4359446人。

三、数值误用

在汉语口语与书面语交际中，都离不开数值的使用问题。数值如果运动得恰当，其简明直观的特点会突出表达效果，增强语言的说服力；而如果错误地使用数值，则有可能造成较严重的后果。下面是几种常见的数值误用现象：

（一）倍数误用

表示数量的增加，常用倍数。“增加（提高）了”与“增加（提高）到”应区别使用，而不能混淆使用。“增加了”不包括底数，“增加到”包括底数。

表示数量的减少，则要用分数或百分数来表示，不能用倍数表示。可以说“减少了”或“减少到”，前者指净减数量，后者指净剩数量。如从十减少到一，应说“减少了十分之九”或“减少到十分之一”。

现代汉语的表达中，经常遇到数值出现语病的情况就是出在“倍数”的误用上。

【病例】

这个城市当时人口只有350万人，而现在已增加至1100万人，增加了3倍。

【诊断】

如果要说“增加了几倍”，需要做一个简单的数学运算。这个句子中，说人口由350万增加到1100万，那么，净增数是1100-350 =750万，再用净增数750万除以原来的数350万，得数约为2.1，为此，要说“增加了2.1倍”，而不能不做数学运算想当然说“增加了3倍”。当然，也可以说“是原来的3倍”或“增加到原来的3倍”，但切记不能说“增加了3倍”。全句可改为：这个城市当时人口只有350万人，而现在已增加至1100万人，增加到原来的3倍。

编辑应注意：用分数也可以表示倍数。如，“增加了一倍”，也可以说“增加了百分之一百”；“增加了两倍”，也可以说“增加了百分之两百”。

【病例】

口罩工厂实行了生产责任制后，效率有了明显提高，每月废品由原先一千个下降到一百个，废品率下降了九倍。

【诊断】

“下降”属于“减少”的范围，不能用倍数来说。分析该句句意，想要表达的意思是生产责任制的实行使废品率变为原来的十分之一，因此，减少数是1000-100=900，再用减少数900除以原来的数1000，得数是0.9。为此，应将“下降了9倍”改为“下降了90%”或“下降了十分之九”。全句可改为：口罩工厂实行了生产责任制后，效率有了明显提高，每月废品由原先一千个下降到一百个，废品率下降了90%。

【病例】

近两年，天蓝了，我市PM 2.5指数下降了一倍多，空气质量得到显著改善。

【诊断】

“下降”不能用倍数来说。分析该句句意，即是说我市PM 2.5指数比治理前低一半多，因此，应将“一倍多”改为“一半多”。全句可改为：近两年，天蓝了，我市PM 2.5指数下降了一半多，空气质量得到显著改善。

【病例】

北京大兴国际机场涿州城市航站楼启用，设备已达到国际水平，站客过安检通道的时间，从以往的10分钟缩短至1分钟，缩短了10倍。

【诊断】

“缩短”属于“减少”的范围，不能用倍数来说。“从10分钟缩短至1分钟”，即变成了原来的十分之一，因此，应将“缩短了10倍”改为“缩短了十分之九”或“缩短了90%”。全句可改为：北京大兴国际机场涿州城市航站楼启用，设备已达到国际水平，站客过安检通道的时间，从以往的10分钟缩短至1分钟，缩短了十分之九。

【病例】

兰州至天水的动车一等座票价为100元，对应普通列车硬座票价为52

元，相比之下，普通列车硬座票价要低将近一倍。

【诊断】

“低”属于“减少”的范围，不能用倍数来说。应将“低将近一倍”改为“低将近一半”。全句可改为：兰州至天水的动车一等座票价为100元，对应普通列车硬座票价为52元，相比之下，普通列车硬座票价要低将近一半。

【病例】

如今，用酵母粉发酵面粉很方便，比用面引子发酵节省时间3～4倍。

【诊断】

“节省”属于“减少”的范围，不能用倍数来说。如果原来花10小时，现在花4小时，要说只用了原来时间的2/5，或者说节省了3/5的时间。全句可改为：如今，用酵母粉发酵面粉很方便，比用面引子发酵节省3/5的时间。

【病例】

由于化疗的药物反应，花娜的白细胞指数比正常值少整整三倍。

【诊断】

同理，“少”不能用倍数来说。白细胞的正常值是（4～10）$\times 10^9$/L，以6000为正常值。6000的三倍就是18000，说比正常值少18000，有违常理。假定花娜的白细胞指数是2000，比起正常值6000而言，应该说“只有正常值的1/3”或“比正常值少2/3”才对。全句可改为：由于化疗的药物反应，花娜的白细胞指数比正常值少2/3。

【病例】

通过连续3年的街道文化治理，本区的社会用字规范率在稳步提高。2018年所查街道平均每条不规范字13个，2021年所查街道平均每条不规范字2个，规范率提高了6倍多。

【诊断】

这个句子乍一看，句末的“提高了6倍多”是2018年不规范字13个与2021年不规范字2个的倍数差，貌似正确；实则从句意分析，表述的是

“规范率”，必须进行一定的数学运算方可求出，而这种直观的倍数差的表述则是错误的。由13个字减少到2个字，净减数为13－2=11字。11字除以原来的13字，得数约为0.85，那么，可以说“不规范用字减少了85%”，或者说“不规范用字只有原来的15%”。

但这还不是规范率。规范率是指规范字占全部字数的百分比。假定所查的每个街道平均有汉字1000个，那么，2018年每个街道的规范字数为1000－13=987，规范率则为987÷1000=98.7%。治理后每个街道的不规范字由13个下降为2个，治理后的规范率应为（1000－2)÷1000=99.8%。把治理后的规范率和2018年的规范率相减，即99.8%－98.7%=1.1%，应该说规范率提高了1.1%。为此，应将“规范率提高了6倍多”改为“规范率提高了1.1%”。全句可改为：通过连续3年的街道文化治理，本区的社会用字规范率在稳步提高。2018年所查街道平均每条不规范字13个，2021年所查街道平均每条不规范字2个，规范率提高了1.1%。

（二）“番”字误用

“番”不同于“倍”，“几番”也绝不是“几倍”。如将“番”这个概念没有理解清楚，除了造成语病外，还会给句意带来不同程度的误解。

【病例】

韭黄在平时卖8元一斤，一到春节前夕要卖24元一斤，价格整整翻了两番。

【诊断】

韭黄在平时卖8元一斤，翻了一番就是16元，16元再翻一番就是32元，而不是24元。在这里，一定要区分“倍”和“番”，二者是近义词，但词义大有不同，计算方法不同，为此，应慎用量词“番”。所以，应将“整整翻了两番”改为“提高到3倍”或“提高了2倍”。全句可改为：韭黄在平时卖8元一斤，一到春节前夕要卖24元一斤，价格提高了2倍。

编辑应注意：“翻几番”，用数学公式来表示，就是2的几次方倍。比如：翻两番，就是2的2次方倍，即4倍；翻五番就是2的5次方倍，即32倍。

（三）计算失误

计算失误是数值误用的常见问题，是指计算结果与实际结果不符的情况。

【病例】

这家果蔬店去年的纯利润是六万元，今年是九万元，今年比去年增长了150%。

【诊断】

表示“增长了多少”的百分比，必须先用实际数减去基本数后，再去除以基本数，即（9−6)÷6=50%。为此，句中“增长了150%”因计算失误而致表述错误，应改为“增长了50%”。全句应改为：这家果蔬店去年的纯利润是六万元，今年是九万元，今年比去年增长了50%。

（四）项目漏列

项目漏列通常是指表述中应含却未含的项目，往往是因作者疏忽大意所致。

【病例】

唐宋八大家，又称“唐宋散文八大家”，分别是唐代的韩愈、柳宗元和宋代的欧阳修、苏洵、苏轼、苏辙、王安石八位。

【诊断】

漏列了一位“曾巩”，使“唐宋八大家”少了一位。全句应改为：唐宋八大家，又称“唐宋散文八大家”，分别是唐代的韩愈、柳宗元和宋代的欧阳修、苏洵、苏轼、苏辙、王安石、曾巩八位。

编辑应注意：这种项目漏列问题，在平时稿件加工中较常见，应当多加注意，养成逐个数一下的好习惯，及时纠错。

（五）数量失察

某些表达，作者善用精细化数值表达不适宜表达的内容，就容易产生数量失察的语病。

【病例】

这家月子中心推行爱心护理和精细化管理，平均为每10名产妇配备了1.7名医生和3.6名护士。

【诊断】

平均计算的结果出现小数在数学里很常见，但在日常语言里用来指人就显得奇怪了。这个句子中，“医生”和“护士”是人，不可以肢解分离成“1.7名”和“3.6名”，应该用“四舍五入”的方式表达。所以，这个病例不是计算粗疏，而是计算得太精细，而某些表达并不适宜用纯粹的计算数值。全句可改为：这家月子中心推行爱心护理和精细化管理，平均为每10名产妇配备了2名医生和4名护士。

四、其他数量误用

【病例】

我买二个一元的橡皮。

【诊断】

常用量词前用“两”而不用“二”。“二”为误用，应改为“两”。全句应改为：我买两个一元的橡皮。

编辑应注意：“二”和“两”表示的数值相同，但用法有区别。在度量衡单位的“百、千、万”前面，“二”和“两”可以通用；序数、分数、小数用“二”不用“两”；常用量词（如：个、只、种、头、天、本、件、回）前用“两”而不用“二”；表示基数只能用“两”，不能用“二”，如“二次捐款”是指第二次捐款，“两次捐款”是指一共捐款两次，二者意义有别；并且基数“两”不能写为阿拉伯数字2。

【病例】

只见6道120米长的站台上，站满了整装待发、列队出征的逆行者。

【诊断】

本句原意是第6道120米长的站台上站满了整装待发、列队出征的逆行者，而不是6条道都站满了逆行者。应把“6道”改为“第6道”。全句应改为：只见第6道120米长的站台上，站满了整装待发、列队出征的逆行者。

【病例】

小俩口从上海来。

【诊断】

“俩”为误用。句中已有量词“口”，再用“俩”就成了“两个口”，量词重复，应把“俩”改为“两”。全句应改为：小两口从上海来。

【病例】

咱俩个可都不是省油的灯！

【诊断】

量词“个”为误用。“俩”就是“两个”的意思，不必再加“个”，应把“个”删去。全句应改为：咱俩可都不是省油的灯！

【病例】

看看这些80—90年代的老照片，不仅是故事，也是你自己的身影。

【诊断】

公元纪年必须用全称，“80—90年”这种表述不规范，应改为“1980—1990年”，或改为“20世纪八九十年代”。全句应改为：看看这些1980—1990年的老照片，不仅是故事，也是你自己的身影。或改为：看看这些20世纪八九十年代的老照片，不仅是故事，也是你自己的身影。

参考书目

[1]周奇.常见语言文字错误防范手册[M].北京:中国标准出版社.

[2]黎洪波,利来友.图书编辑校对实用手册:第四版[M].桂林:广西师范大学出版社.

[3]中央宣传部出版产品质量监督检测中心.图书编校质量差错案例[M].上海:商务印书馆.

[4]崇文书局辞书出版中心.中华成语词典:第2版[M].武汉:崇文书局.

[5]中国出版工作者协会校对研究委员会.现代新闻出版编校实用手册[M].苏州:苏州大学出版社.

[6]马真.简明实用汉语语法教程:第二版[M].北京:北京大学出版社.

[7]兰宾汉,王欣彦.常见病句256例[M].上海:上海文化出版社.

[8]李明洁.语病百讲[M].上海:上海文化出版社.

[9]常丽丽.病句精讲[M].上海:上海教育出版社.